# 代用票与客运杂费实务指南（列车部分）习题册

主　编　吴荣波　范先云　徐斯强
副主编　张大伟　吕　冰　魏鸿儒
参　编　王东伟　张力鑫　刘静静
　　　　许文宇　李　胜　孔繁冬
　　　　王　宇　谢立宏　宋　玥
　　　　胡　悦　房鑫磊　于培庄
　　　　刘　强

西南交通大学出版社
·成都·

图书在版编目（CIP）数据

代用票与客运杂费实务指南（列车部分）习题册 / 吴荣波，范先云，徐斯强主编. —成都：西南交通大学出版社，2018.1（2021.7 重印）
ISBN 978-7-5643-5869-3

Ⅰ. ①代⋯ Ⅱ. ①吴⋯ ②范⋯ ③徐⋯ Ⅲ. ①铁路运输 – 客车票 – 售票 – 高等职业教育 – 习题集 Ⅳ. ①U293.2-44

中国版本图书馆 CIP 数据核字（2017）第 264729 号

### 代用票与客运杂费实务指南（列车部分）习题册

主　编　吴荣波　范先云　徐斯强

| | |
|---|---|
| 责任编辑 | 周　杨 |
| 封面设计 | 何东琳设计工作室 |
| 出版发行 | 西南交通大学出版社 |
| | （四川省成都市金牛区二环路北一段 111 号 |
| | 西南交通大学创新大厦 21 楼） |
| 邮政编码 | 610031 |
| 发行部电话 | 028-87600564　028-87600533 |
| 官网 | http://www.xnjdcbs.com |
| 印刷 | 成都蓉军广告印务有限责任公司 |
| 成品尺寸 | 185 mm×260 mm |
| 印张 | 8.75 |
| 字数 | 217 千 |
| 版次 | 2018 年 1 月第 1 版 |
| 印次 | 2021 年 7 月第 2 次 |
| 定价 | 19.50 元 |
| 书号 | ISBN 978-7-5643-5869-3 |

图书如有印装质量问题　本社负责退换
版权所有　盗版必究　举报电话：028-87600562

# 前　言

近几年，随着计算机售票和列车移动补票系统的全面普及，铁路现场职工对代用票和客运杂费等手工操作越来越陌生，为了全面提高铁路客运职工及高职院校铁道运输学生的业务素质和实际操作水平，更好地完成旅客运输生产工作，为铁路运输生产一线输送更多优秀的人才，特编写本书。

本书主要依据《铁路旅客运输规程》、《铁路旅客运输办理细则》、《铁路客运运价规则》、《铁路客运运价里程表》、《铁路旅客票价表》、《行李、包裹运价表》等规章，全面系统地对列车补票业务办理进行解析，具有实际操作性、适用性、普遍性、需求性，对列车长、列车值班员的实作学习具有十分重要的指导价值，同时又与历年来铁路总公司和铁路局的大赛进行接轨，为客运列车求知者和学习者提供了学习的资料。

本书由吉林铁道职业技术学院吴荣波、范先云、沈阳铁路局吉林客运段徐斯强任主编，吉林客运段张大伟、吕冰、吉林铁道职业技术学院魏鸿儒任副主编，王东伟、张力鑫、刘静静、许文宇、李胜、孔繁冬、王宇、谢立宏、宋玥、胡悦、房鑫磊、于培庄、刘强等参与编写。本书在编写过程中得到了沈阳铁路局客运部门和相关铁路院校的大力支持和帮助，在此表示诚挚的谢意。

由于编者水平有限，教材中难免存在不妥和疏漏之处，恳请读者批评指正。

编　者  
2017 年 12 月

# 目 录

## 项目一 代用票练习题

【任务A】无　票 ·········································································· 1
【任务B】变　座 ·········································································· 7
【任务C】越　站 ········································································· 10
【任务D】补　卧 ········································································· 14
【任务E】变座、补卧 ·································································· 17
【任务F】越站、补卧 ·································································· 20
【任务G】越站、变座、补卧 ······················································· 23
【任务H】变　铺 ········································································· 27
【任务I】分乘、越站、补卧 ························································ 31
【任务J】误售、误购 ·································································· 37
【任务K】减价不符 ····································································· 41
【任务L】越席、越站、补卧 ······················································· 44
【任务M】过　期 ········································································· 47
【任务N】变　径 ········································································· 48
【任务O】违章使用乘车证 ··························································· 51

## 项目二　客运运价杂费收据练习题

【任务A】超　重 ········································································· 56
【任务B】超　大 ········································································· 60
【任务C】低值品 ········································································· 63
【任务D】动　物 ········································································· 66
【任务E】危险品 ········································································· 67

## 代用票练习题答案

【任务A】无　票 ········································································· 69
【任务B】变　座 ········································································· 75
【任务C】越　站 ········································································· 78
【任务D】补　卧 ········································································· 82
【任务E】变座、补卧 ·································································· 85
【任务F】越站、补卧 ·································································· 88
【任务G】越站、变座、补卧 ······················································ 91
【任务H】变　铺 ········································································· 96
【任务I】分乘、越站、补卧 ···················································· 100
【任务J】误售、误购 ······························································· 104
【任务K】减价不符 ··································································· 109
【任务L】越席、越站、补卧 ···················································· 111
【任务N】过　期 ······································································· 114
【任务O】变　径 ······································································· 115
【任务P】违章使用乘车证 ······················································· 118

# 客运运价杂费收据练习题答案

【任务A】超　重 …………………………………………………… 122

【任务B】超　大 …………………………………………………… 125

【任务C】低值品 …………………………………………………… 128

【任务D】动　物 …………………………………………………… 129

【任务E】危险品 …………………………………………………… 131

# 项目一　代用票练习题

【任务 A】无　票

1. 2017 年 3 月 2 日，K1450 次列车（新空调快速，日照—牡丹江，经由新石线、京沪线、天津西线、迁安站、京哈线、滨绥线，哈尔滨铁路局牡丹江客运段担当乘务工作），旅客侯××在兖州站找到列车长，要求乘车到长春站，列车长同意上车补票，问如何处理？（用分票和联合票两种方法计算）

处理依据：

处理过程：

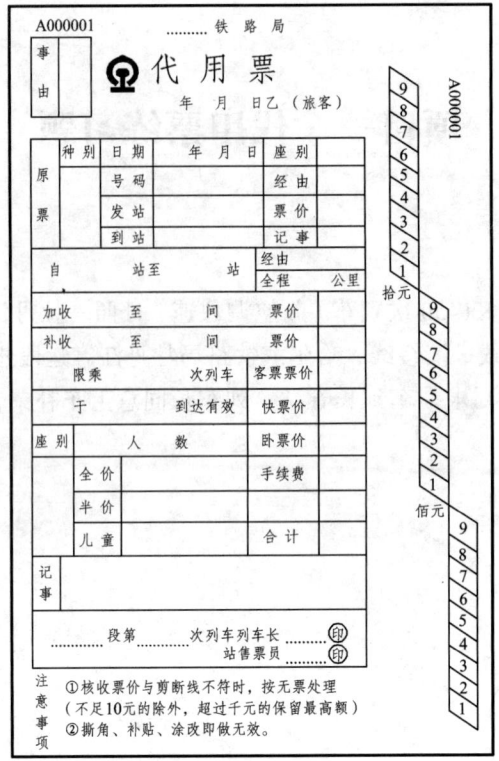

票例 1-1

票例 1-2

2. 2017年3月2日，K1450次列车（新空调快速，日照—牡丹江，经由新石线、京沪线、天津西线、津山线、京哈线、滨绥线，哈尔滨铁路局牡丹江客运段担当乘务工作），兖州开车后列车验票，在5号车厢发现一名旅客王××无票乘车，经查该旅客是从平邑站上车到牡丹江站，问列车如何处理？（加收区间以本站为准）（用联合票计算）

处理依据：




处理过程：

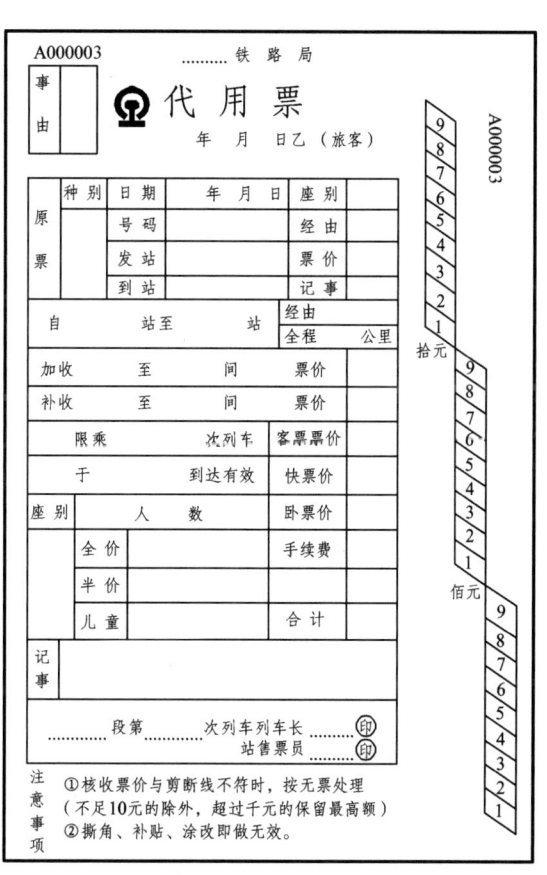

票例 1-3

3. 2017年3月8日，K7518次列车（新空调快速，凌源—大连，经由锦承线、新义线、沈大线，沈阳铁路局大连客运段担当乘务工作），大石桥站刚开车后列车验票，在YZ6号车厢发现一名学生持有沈阳医药学院的有效学生证，有效区间为沈阳至大连，无票乘车，问列车如何处理？

处理依据：

处理过程：

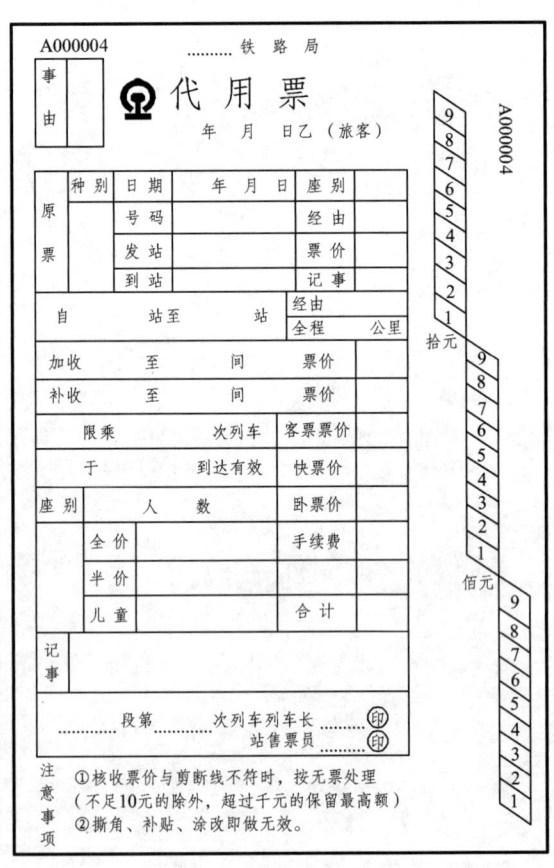

票例1-4

4. 2017 年 3 月 2 日，K546 次列车（新空调快速，成都—佳木斯，经由宝成线、陇海线，哈尔滨铁路局牡丹江客运段担当乘务工作），一名旅客持成都至西安的 YW4 车 005 号中铺车票，携带身高为 1.2 m 的儿童一名，问列车如何处理？

处理依据：

处理过程：

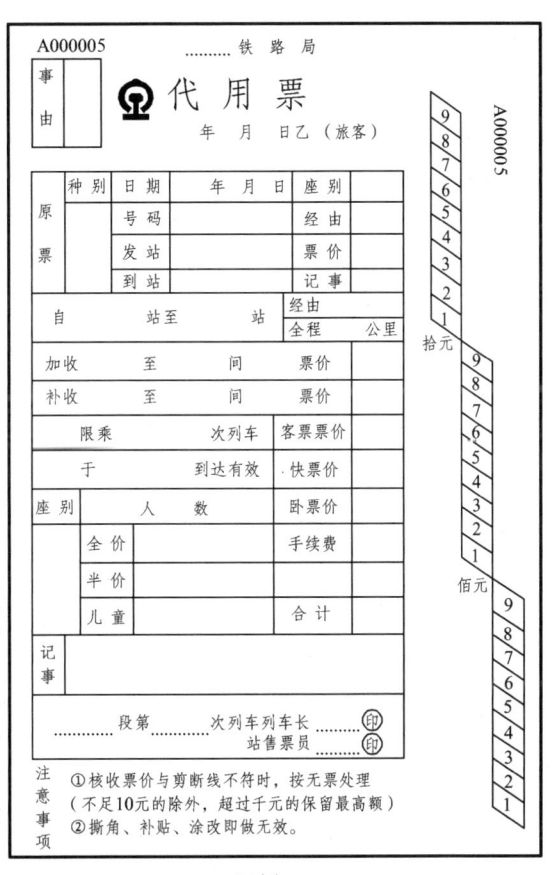

票例 1-5

5. 2017 年 3 月 7 日，K2668 次列车（新空调快速，临汾—苏州，经由陇海线、京沪线，太原铁路局太原客运段担当乘务工作），商丘站到站前，在硬座 5 号车厢发现一名残疾军人持中华人民共和国残疾军人证，声称从三门峡站上车，到蚌埠站，经查属实，携带 1.2 m 的儿童也未购买车票，问列车如何处理？

处理依据：

处理过程：

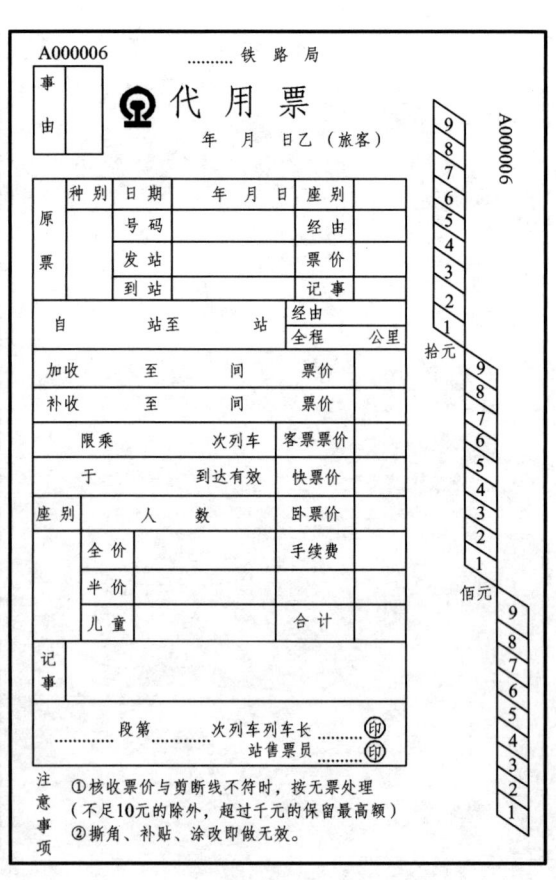

票例 1-6

【任务 B】变　座

1. 2017 年 3 月 3 日，K704 次列车（新空调快速，哈尔滨—青岛北，经由京哈线、沈山线、津山线、京沪线、胶济线，哈尔滨铁路局哈尔滨客运段担当乘务工作），德惠站开车后，旅客李××持德惠站至长春站的新空调硬座车票，票号 E048609（见车票票样 1-1），要求办理软座，通过站车无线交互系统查询列车有能力安排 10 车 28 号，问列车如何处理？

处理依据：

车票票样 1-1

处理过程：

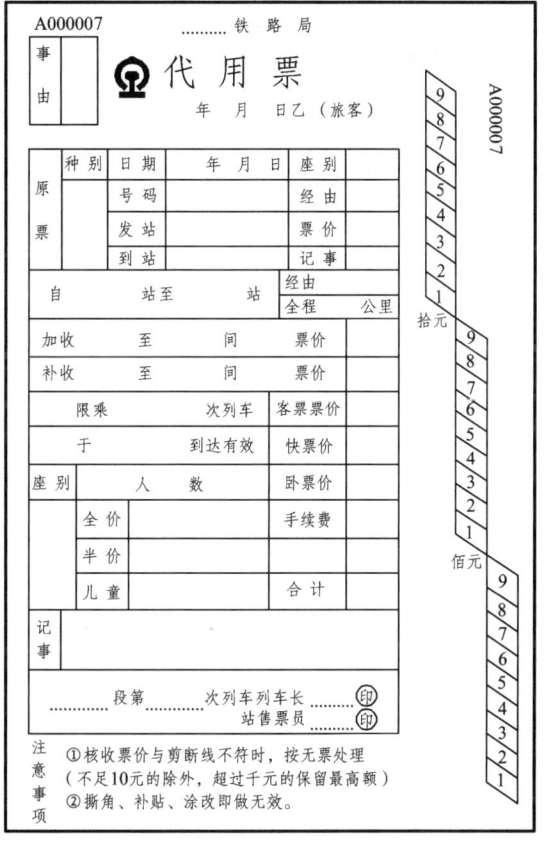

票例 1-7

2. 2017 年 3 月 4 日，K1393 次列车（新空调快速，烟台—佳木斯，经由蓝烟线、胶济线、京沪线、津山线、沈山线、沈阳站、京哈线、绥佳线，哈尔滨铁路局牡丹江客运段担当乘务工作），兴城站开车后，一名学生持兴城站至长春站的学生票，票号 X018732（见车票票样 1-2），要求办理软座，列车有能力安排 8 车 95 号，问列车如何处理？

处理依据：

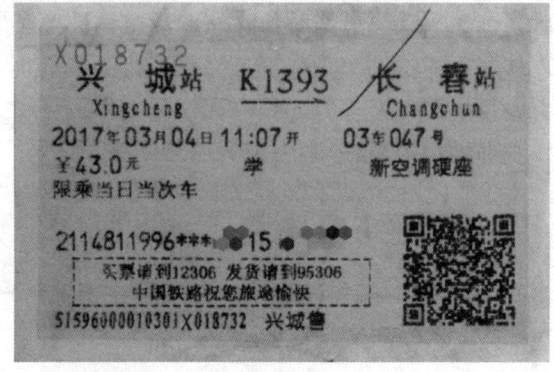

车票票样 1-2

处理过程：

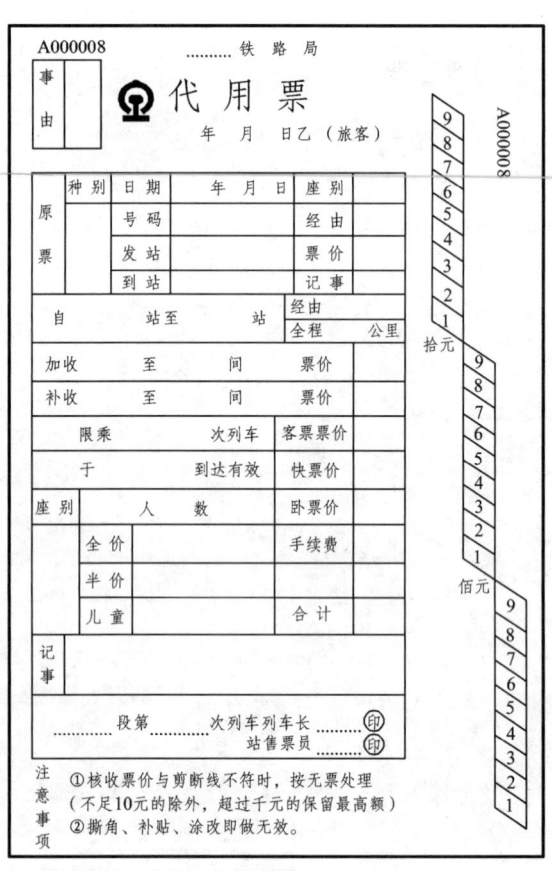

票例 1-8

3. 2017年3月8日，K7528次列车（新空调快速，霍林郭勒—大连，经由通霍线、大郑线、高新线、沈大线，沈阳铁路局大连客运段担当乘务工作），沈阳站开车后，旅客李××持甘旗卡站至瓦房店站的新空调硬座车票，票号 G047846（见车票票样 1-3），携带身高 1.3 m 儿童一名（无票），要求办理软座，列车有能力安排 7 车 28 号、29 号，问列车如何处理？

处理依据：

车票票样 1-3

处理过程：

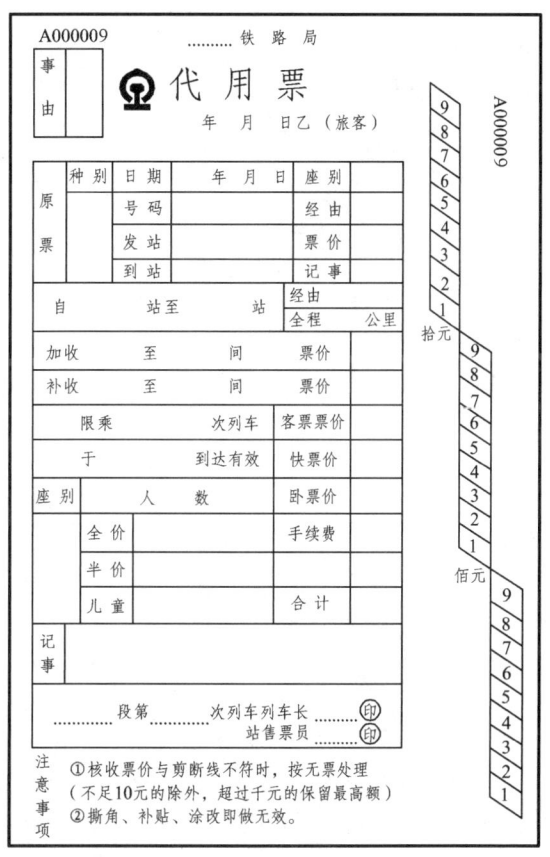

票例 1-9

## 【任务 C】越 站

1. 2017 年 3 月 8 日，K7376 次列车（新空调快速，吉林—大连，经由沈吉线、沈大线，沈阳铁路局吉林客运段担当乘务工作），沈阳北站开车后，旅客李××持梅河口站至瓦房店站的一张新空调硬座车票，票号 C055813（见车票票样 1-4），要求到列车终点站再下车，问列车如何处理？

处理依据：

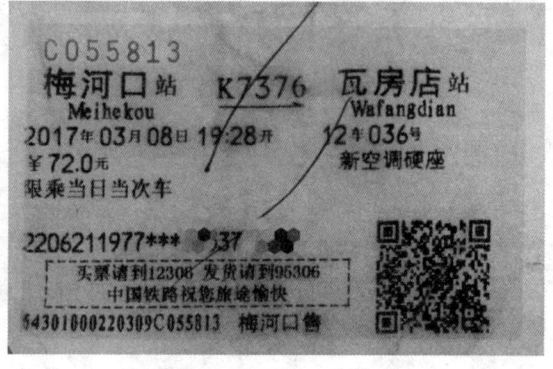

车票票样 1-4

处理过程：

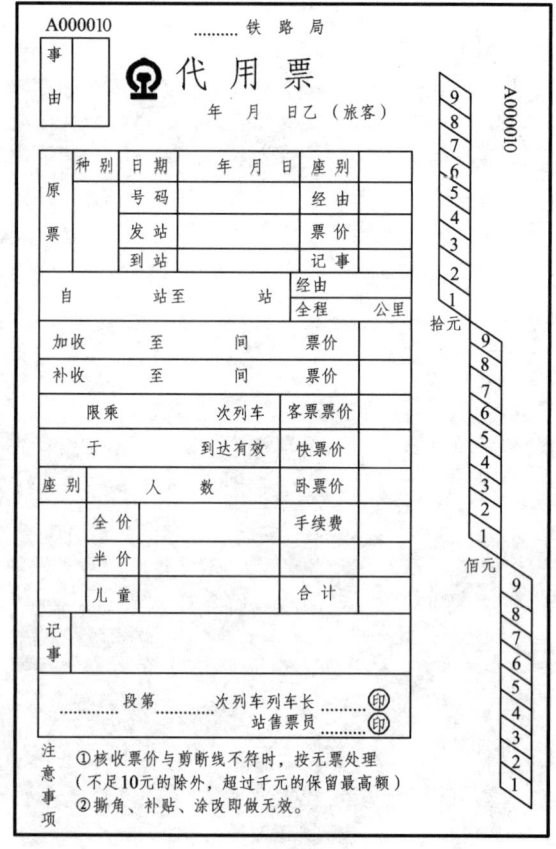

票例 1-10

2. 2017年3月8日，K7376次列车（新空调快速，吉林—大连，经由沈吉线、沈大线，沈阳铁路局吉林客运段担当乘务工作），沈阳北站开车后，旅客李××持梅河口站至瓦房店站的一张新空调硬座车票，票号 C055813（见车票票样 1-5），并携带身高 1.1 m 儿童两名，要求到列车终点站再下车，问列车如何处理？

处理依据：

车票票样 1-5

处理过程：

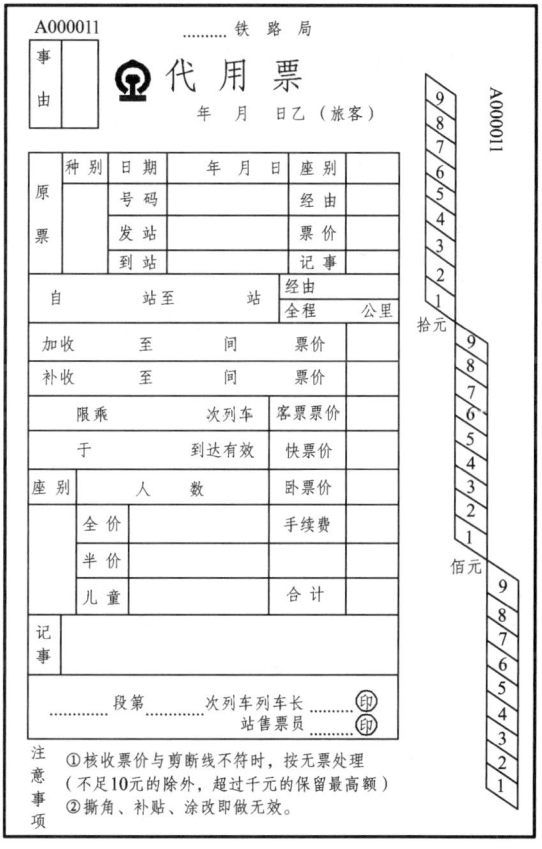

票例 1-11

3. 2017年3月2日，K974次列车（新空调快速，襄阳—哈尔滨，经由京广线、津山线、沈山线、京哈线，哈尔滨铁路局哈尔滨客运段担当乘务工作），锦州站开车后，旅客李××持驻马店站至长春站的一张新空调硬卧车票，6车003号上铺，票号Q082826（见车票票样1-6），要求乘车到哈尔滨，列车有能力安排，问如何处理？

处理依据：

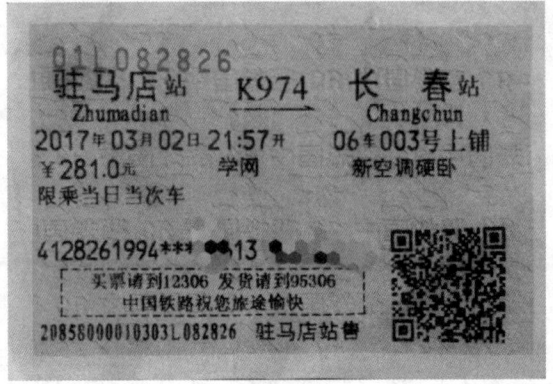

车票票样1-6

处理过程：

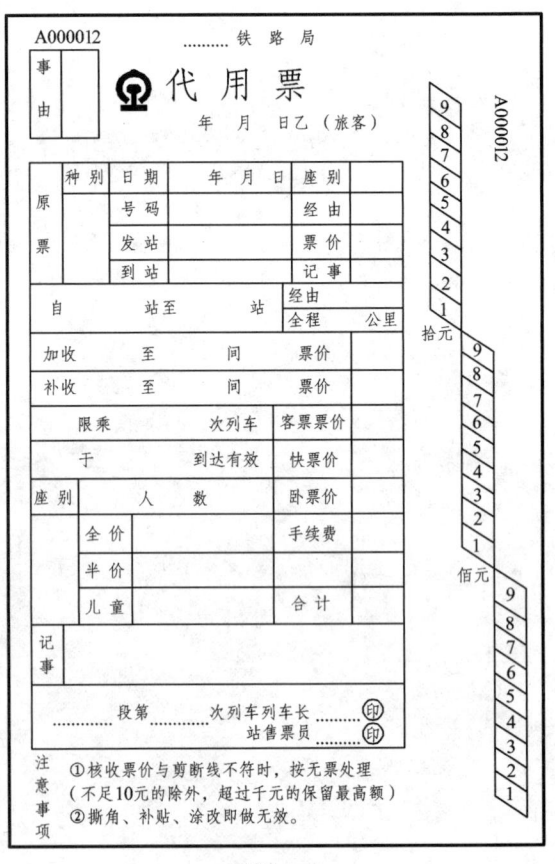

票例1-12

3. 2017年3月4日，K1393次列车（新空调快速，烟台—佳木斯，经由蓝烟线、胶济线、津山线、沈山线、沈阳站、京哈线，哈尔滨铁路局牡丹江客运段担当乘务工作），兴城站开车后，旅客王××持兴城站至长春站的一张新空调硬座车票，3车047号，票号X018732（见车票票样1-7），要求乘车到南岔，列车有能力安排，问如何处理？

处理依据：

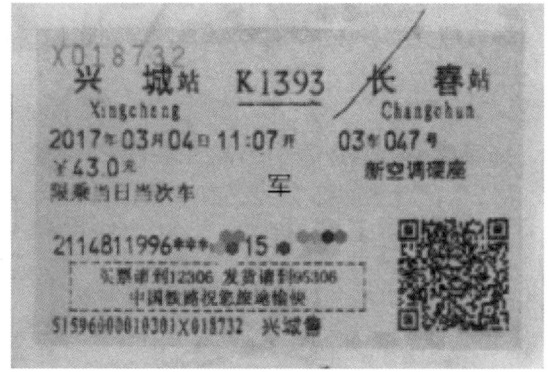

车票票样1-7

处理过程：

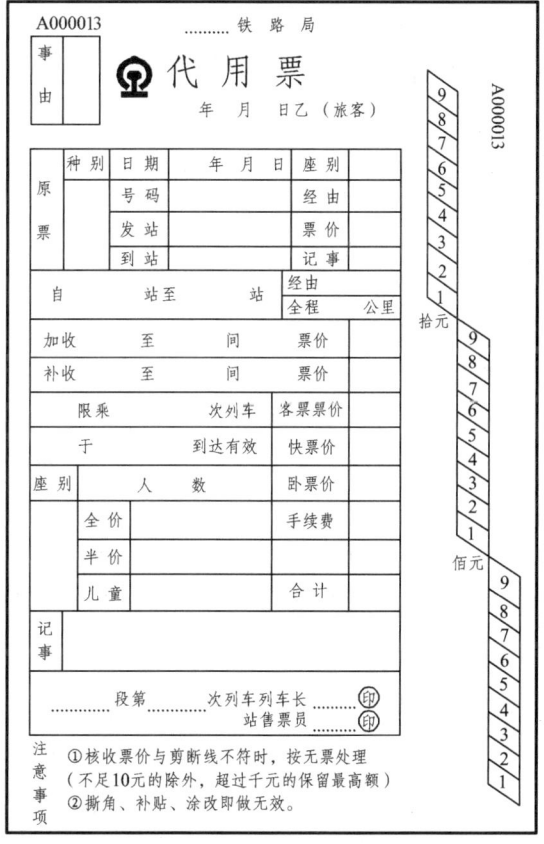

票例1-13

## 【任务 D】补 卧

1. 2017 年 3 月 8 日，K7528 次列车（新空调快速，霍林郭勒—大连，经由通霍线、大郑线、高新线、沈大线，沈阳铁路局大连客运段担当乘务工作），通辽站开车后，旅客李××持白音胡硕站至瓦房店站的新空调硬座车票，票号 G073898（见车票票样 1-8），要求办理硬卧，列车有能力安排 12 车 8 号中铺，问列车如何处理？（按分票种和联合票价计算）

处理依据：

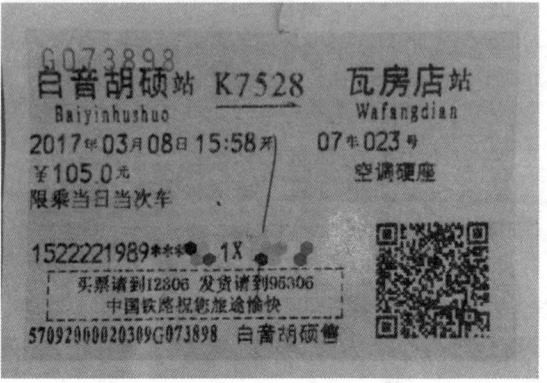

车票票样 1-8

处理过程：

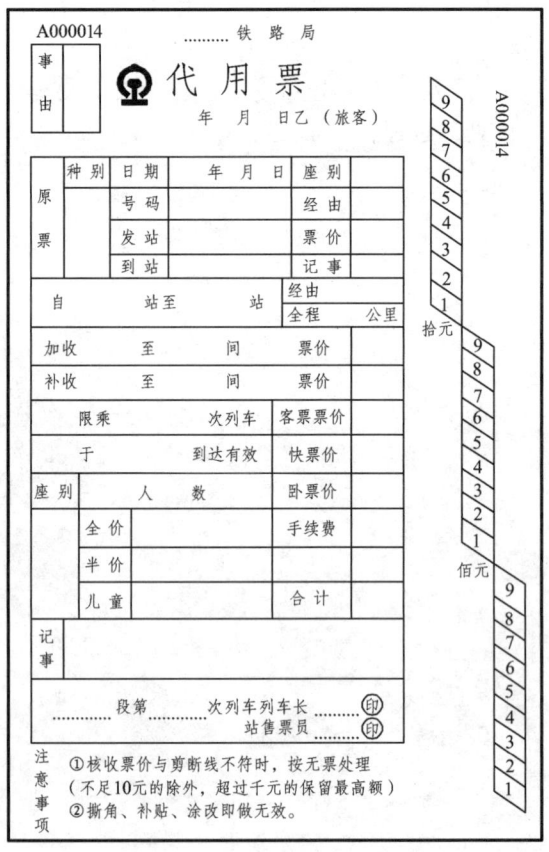

票例 1-14

2. 2017年3月4日，K1547次列车（新空调快速，福州—佳木斯，经由京九线、津山线、沈山线、皇姑屯线、京哈线，哈尔滨铁路局牡丹江客运段担当乘务工作），锦州站开车后，旅客李××持绥中站至长春站的有效学生票，票号G020720（见车票票样1-9），要求办理硬卧，列车有能力安排8车8号下铺，问列车如何处理？（按联合票价计算）

处理依据：

车票票样1-9

处理过程：

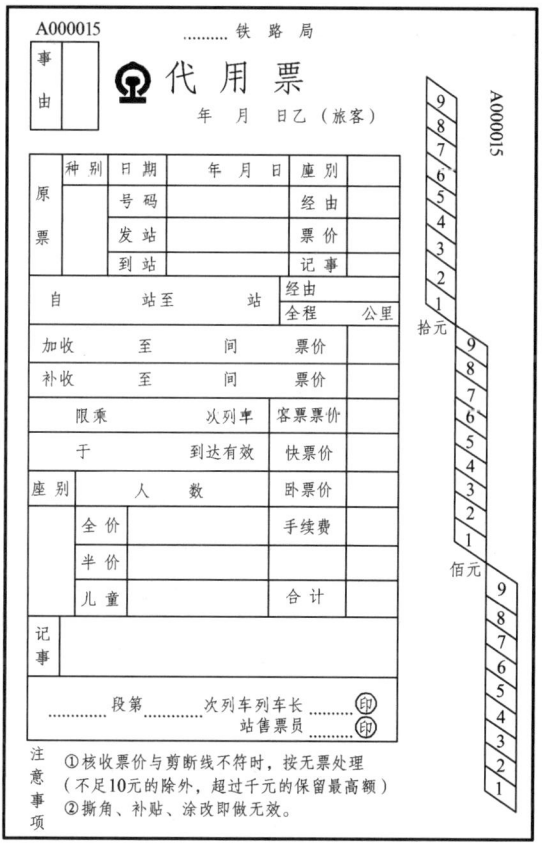

票例1-15

**3.** 2017年3月2日，T182次列车（新空调特快，汉口—哈尔滨东，经由京九线、津山线、滦县站、沈山线、皇姑屯线、京哈线，哈尔滨铁路局牡丹江客运段担当乘务工作），菏泽站开车后，旅客张××持商丘南站至长春站的残疾军人票，票号B001478（见车票票样1-10），要求办理硬卧，列车有能力安排14车8号上铺，问列车如何处理？（按分票种计算）

处理依据：

车票票样1-10

处理过程：

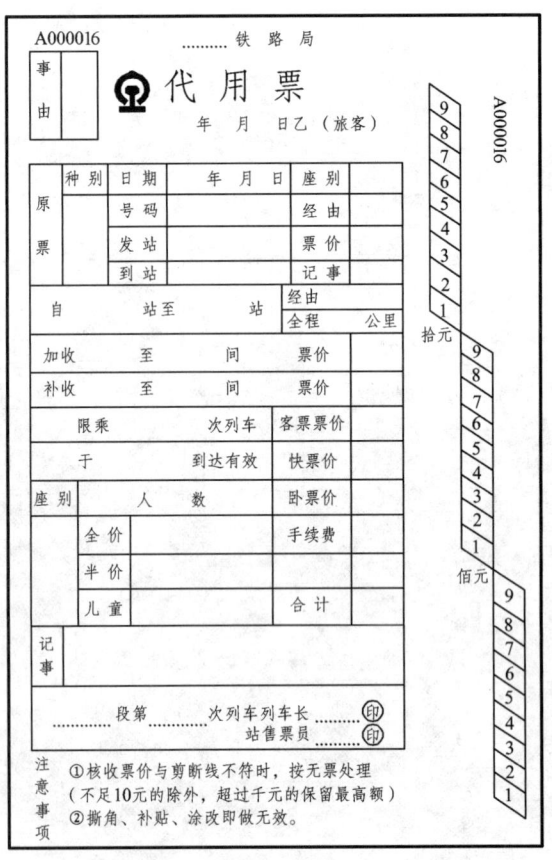

票例1-16

## 【任务 E】变座、补卧

1. 2017年3月9日，2052次列车（新空调普快，牡丹江—大连，经由滨绥线、京哈线、沈大线，沈阳铁路局沈阳客运段担当乘务工作），铁岭站开车后，旅客李××持公主岭站至瓦房店站的新空调硬座车票，票号 Y009582（见车票票样 1-11），要求办理软卧，列车有能力安排 7 车 8 号铺，问列车如何处理？

处理依据：

车票票样 1-11

处理过程：

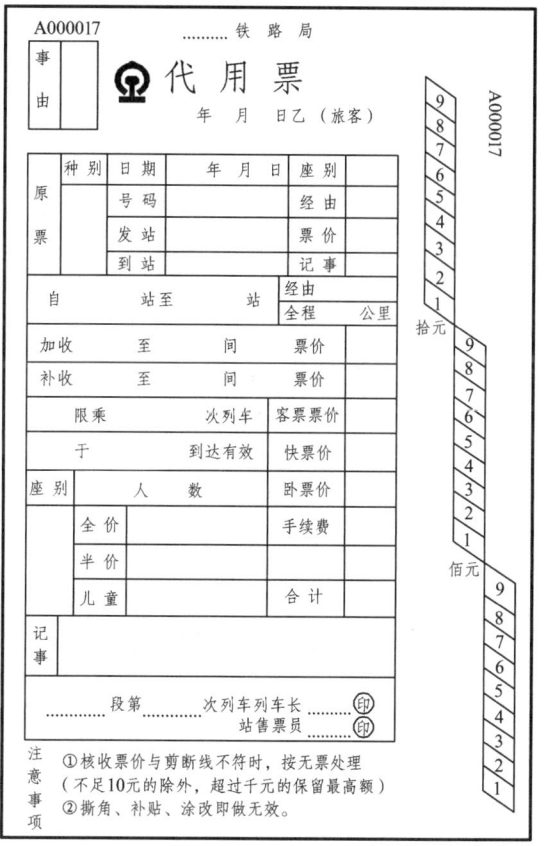

票例 1-17

2. 2017年3月2日，Z112次列车（新空调直快，海口—哈尔滨，经由京九线、津霸线、津山线、沈山线、京哈线，哈尔滨铁路局哈尔滨客运段担当乘务工作），天津站开车后，旅客李××持赣州站至长春站的学生票，学生证有效，车票票号 F034422（见车票票样 1-12），要求办理软卧，列车有能力安排 11 车 11 号，问列车如何处理？

处理依据：

车票票样 1-12

处理过程：

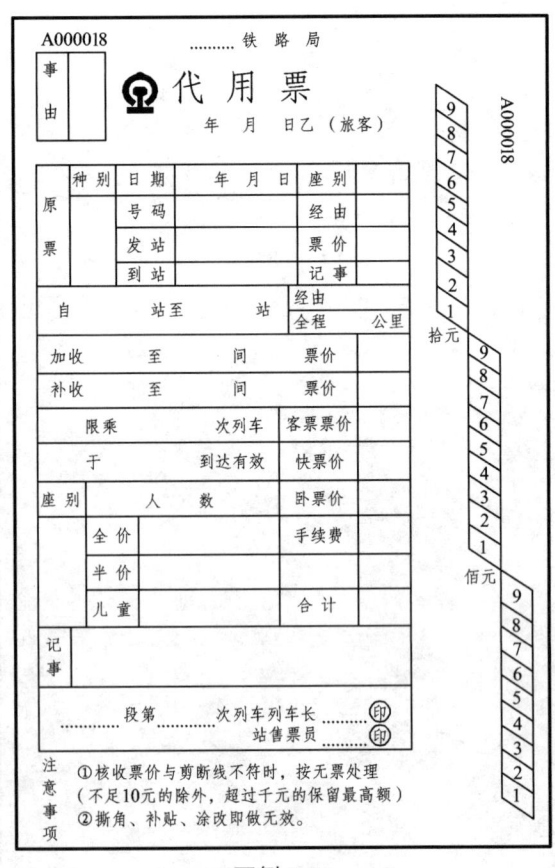

票例 1-18

3. 2017年3月8日，K7519次列车（新空调快速，凌源—大连，经由新义线、锦承线、沈大线，沈阳铁路局大连客运段担当乘务工作），新立屯站开车后，旅客李××持阜新南站至瓦房店站的新空调硬座车票，票号 N011245（见车票票样 1-13），要求办理软卧，携带一名1.1 m 的儿童并要求单独使用卧铺，列车有能力安排 6 车 7、9 号铺，问列车如何处理？

处理依据：

车票票样 1-13

处理过程：

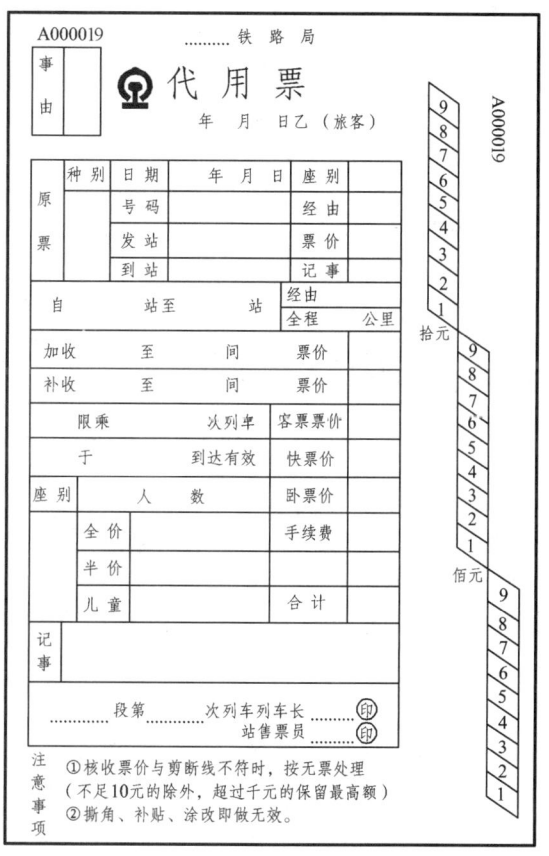

票例 1-19

## 【任务 F】越站、补卧

1. 2017 年 3 月 8 日，2052 次列车（新空调普快，牡丹江—大连，经由哈尔滨站、长春站、沈阳站，沈阳铁路局沈阳客运段担当乘务工作），昌图站开车后，旅客张××持昌图站至普兰店站的新空调硬座车票（见车票票样 1-14），要求乘车至大连站并办理硬卧，列车有能力安排 11 车 8 号下铺，问列车如何办理？（按分票种计算）

处理依据：

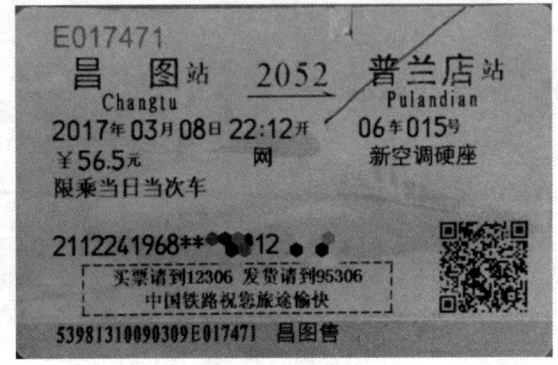

车票票样 1-14

处理过程：

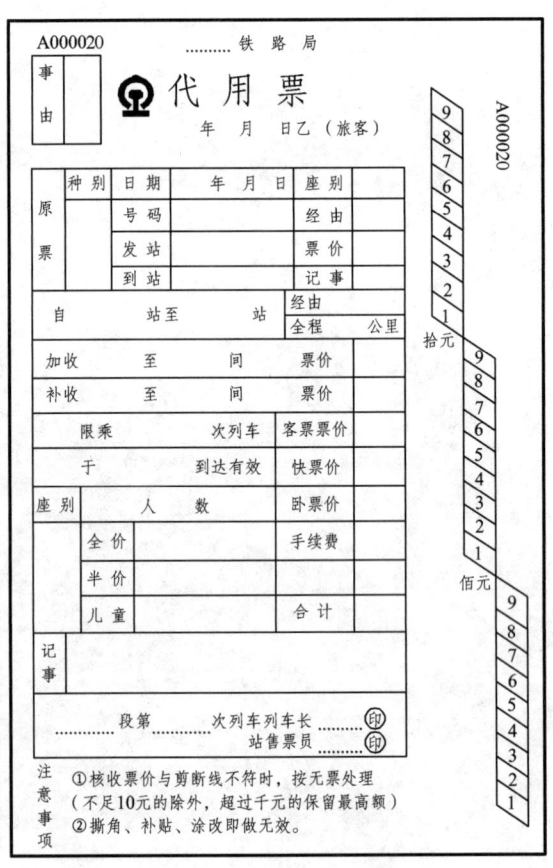

票例 1-20

2. 2017年3月3日，T183次列车（新空调特快，汉口—哈尔滨东，经由京九线、津山线、滦县站、沈山线、京哈线，哈尔滨铁路局哈尔滨客运段担当乘务工作），沈阳北站开车后，旅客李××持葫芦岛站至长春站的学生票，票号L011280（见车票票样1-15），持长春工业大学学生证，要求越站至扶余站，并办理硬卧，列车有能力安排12车8号中铺，问列车如何办理？（按联合票计算）

处理依据：

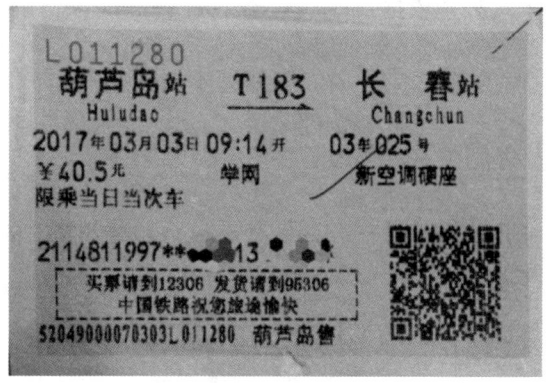

车票票样1-15

处理过程：

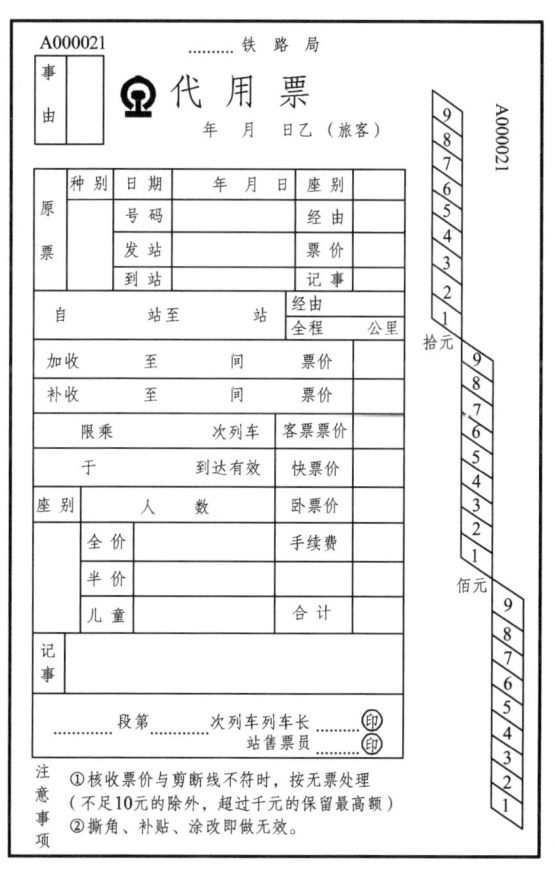

票例1-21

3. 2016年3月25日，K215次列车（新空调快速，北京—图们，经由京沪线、津山线、京哈线、皇姑屯线、抚顺线、沈吉线、长图线，沈阳铁路局吉林客运段担当乘务工作），唐山站开车后，旅客李××持北京站至吉林站的新空调硬座车票，票号 C061041（见车票票样1-16），并携带身高 1.5 m 的儿童，要求越站至图们，并要求办理硬卧，列车有能力安排 12 车 7、8 号中铺，问列车如何办理？

处理依据：

车票票样 1-16

处理过程：

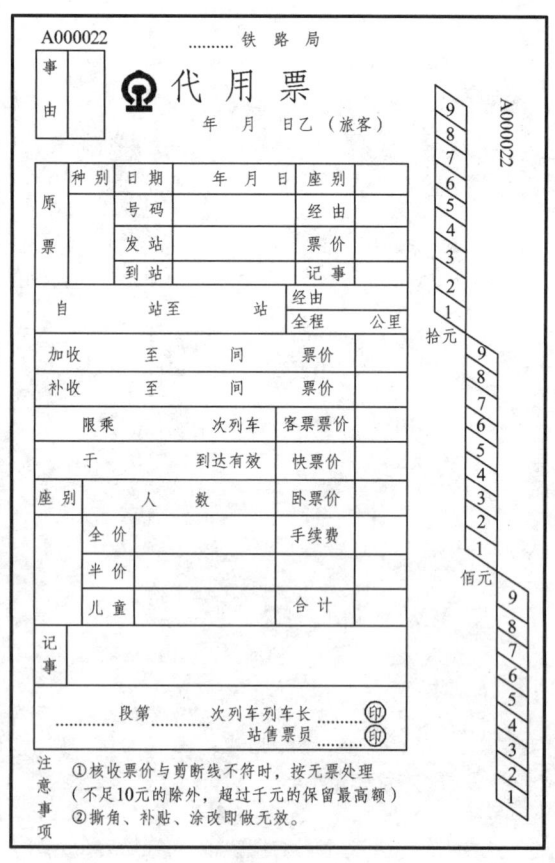

票例 1-22

- 22 -

## 【任务 G】越站、变座、补卧

1. 2017 年 5 月 2 日，K216 次列车（新空调快速，图们—北京，经由长图线、沈吉线、京哈线、津山线滨，沈阳铁路局吉林客运段担当乘务工作），唐山站开车后，旅客王××持唐山站至天津站的新空调硬座车票，票号 H033882（见车票票样 1-17），要求乘车到北京站，并办理软卧，列车有能力安排 8 车 7 号铺，问列车如何办理？（用分票种和联合票两种方法计算）

处理依据：

车票票样 1-17

处理过程：

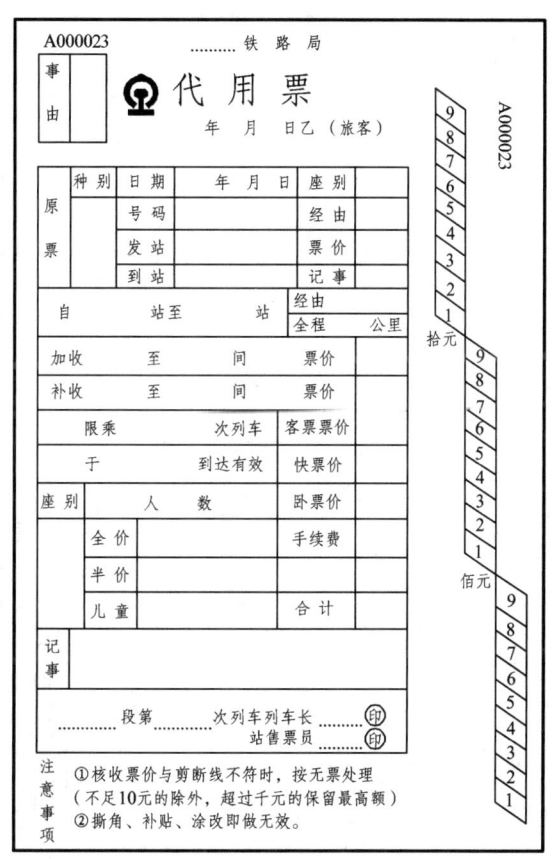

票例 1-23

2. 2017年4月28日，K7375次列车（新空调快速，大连—吉林，经由沈大线、沈吉线，沈阳铁路局吉林客运段担当乘务工作），瓦房店站开车后，旅客王××持一张金州站至盖州站的新空调硬座车票，票号B082140（见车票票样 1-18），要求乘车到吉林站，携带身高 1.2 m 和 1.3 m 儿童各一名并要求补办两张软卧，列车有能力安排7车7、8号铺，问列车如何办理？

处理依据：

车票票样 1-18

处理过程：

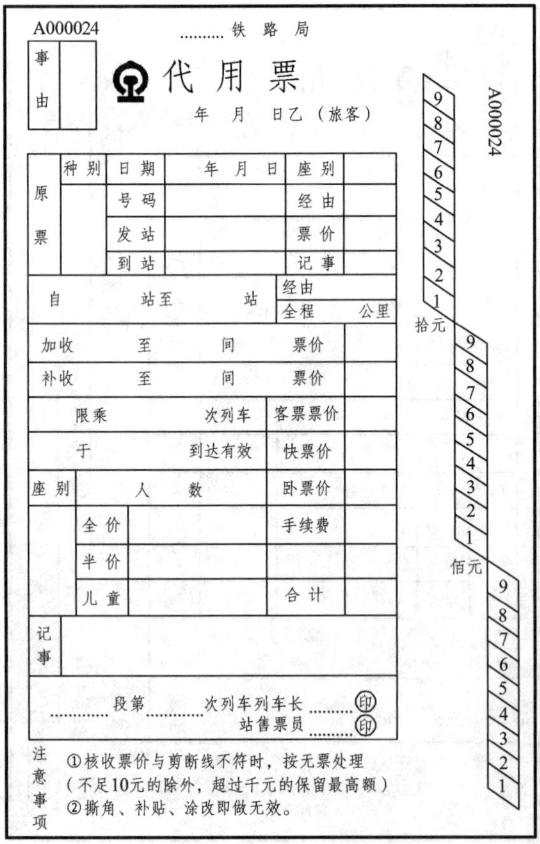

票例 1-24

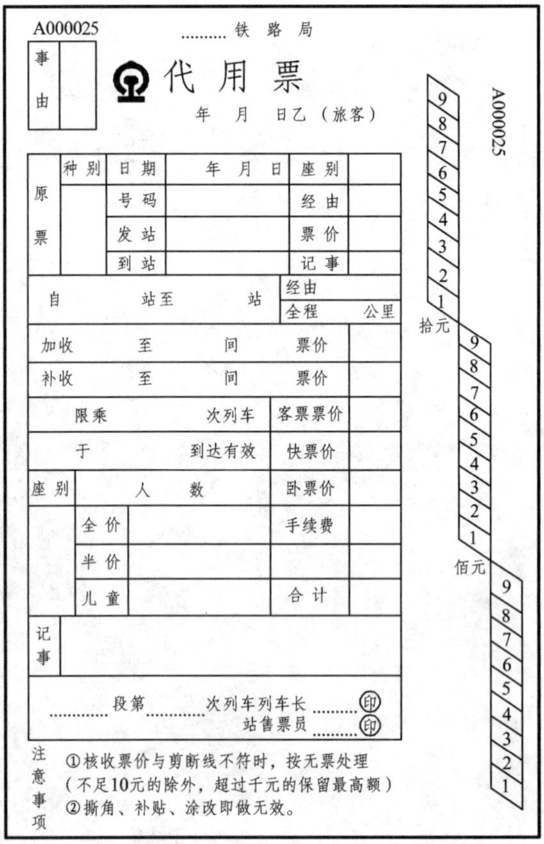

票例 1-25

3. 2017年3月2日，K702次列车（新空调快速，青岛北—哈尔滨，经由胶济线、京沪线、天津西线、津山线、滦县站、沈山线、皇姑屯线、京哈线，哈尔滨铁路局哈尔滨客运段担当乘务工作），天津站开车后，一名学生持淄博站至长春站的新空调硬座车票，票号 L010223（见车票票样 1-19），并持有淄博高等专科学校的学生证，要求乘车到哈尔滨站并办理软卧，列车有能力安排 10 车 7 号铺，问列车如何办理？

处理依据：

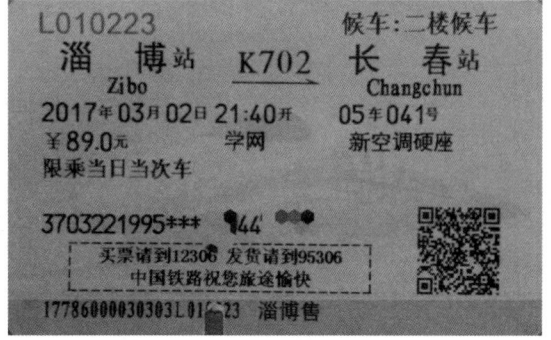

车票票样 1-19

处理过程：

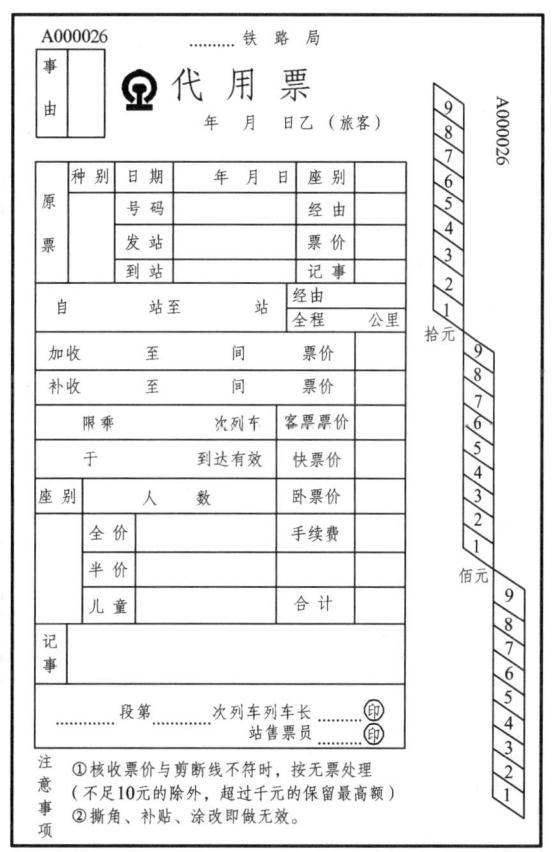

票例 1-26

**4.** 2017年3月3日，K1394次列车（新空调快速，青岛北—哈尔滨，经由绥佳线、京哈线、沈阳北站、沈阳站、沈山线、京哈线、津山线、京沪线、胶济线，哈尔滨铁路局牡丹江客运段担当乘务工作），带岭站开车后，旅客王××持佳木斯站至长春站的新空调硬座残疾军人票，票号 D086205（见车票票样 1-20），要求乘车到秦皇岛站并办理软卧，列车有能力安排 7 车 8 号铺，问列车如何办理？

处理依据：

车票票样 1-20

处理过程：

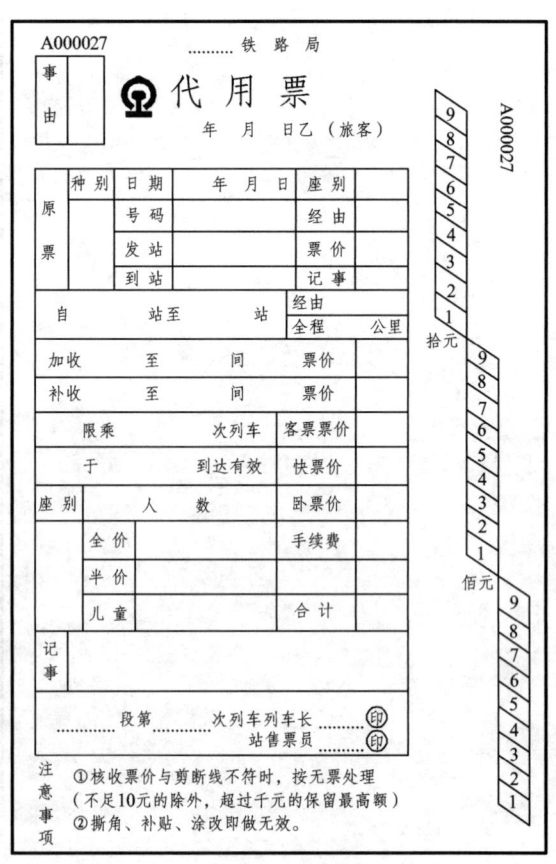

票例 1-27

【任务 H】变　铺

1. 2017 年 4 月 28 日，Z117 次列车（新空调直达特快，北京—吉林，经由京哈线，沈阳铁路局吉林客运段担当乘务工作），北京站开车后，旅客刘××持北京站至吉林站的新空调硬卧中铺车票 13 车 012 号铺，票号 Q083390（见车票票样 1-21），并要求办理软卧，通过站车无线交互系统查出列车有剩余卧铺 8 车 7 号铺，问列车如何办理？

处理依据：

车票票样 1-21

处理过程：

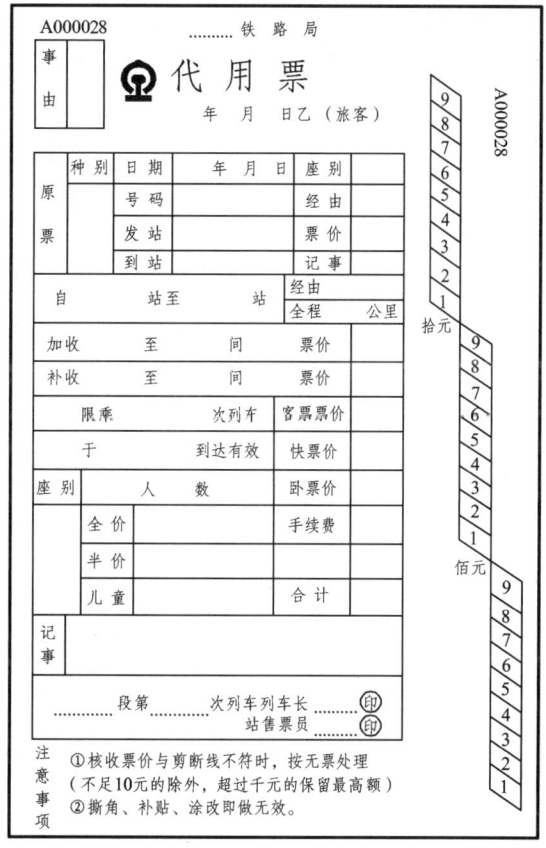

票例 1-28

- 27 -

2. 2017年4月24日,K970次列车(新空调快速,青岛北—通化,经由胶济线、京沪线、天津西线、沈山线、抚顺线、沈吉线、梅吉线,沈阳铁路局吉林客运段担当乘务工作),淄博站开车后,旅客刘××和张××持淄博站至抚顺北站的新空调硬卧中铺车票15车015号铺、15车016号中铺,票号M000012、M000013(见车票票样1-22、1-23),携带1.1 m的儿童一名,要求办理硬卧下铺,通过站车无线交互系统查出列车有剩余卧铺8车7、8号下铺,问列车如何办理?(抚顺城站现改为抚顺北站)

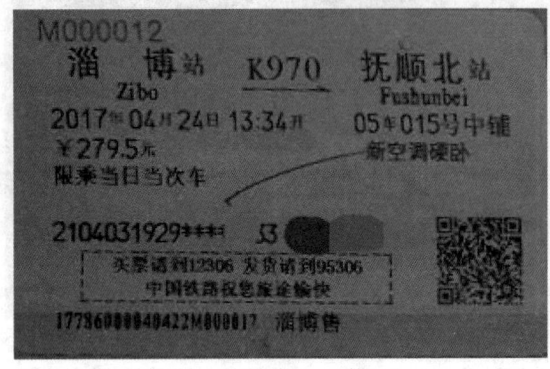

车票票样 1-22

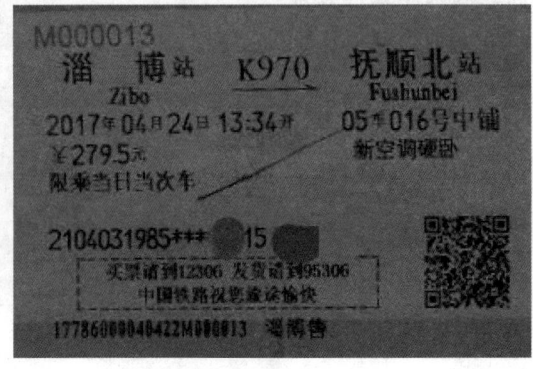

车票票样 1-23

处理依据:

处理过程:

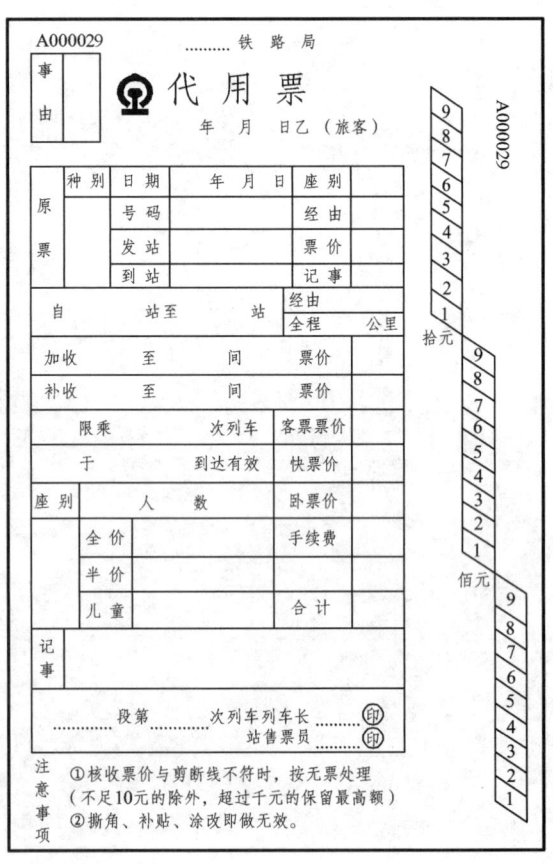

票例 1-29

3. 2017年4月24日，K1055次列车（新空调快速，青岛北—延吉，经由胶济线、京沪线、京哈线、沈山线、皇姑屯线、京哈线、长图线，沈阳铁路局吉林客运段担当乘务工作），大虎山站开车后，旅客孙××持锦州站至吉林站的新空调硬卧下铺车票10车005号铺，票号K009920（见车票票样1-24），要求办理软卧，列车有剩余RW9车35号铺，问列车如何办理？

处理依据：

车票票样1-24

处理过程：

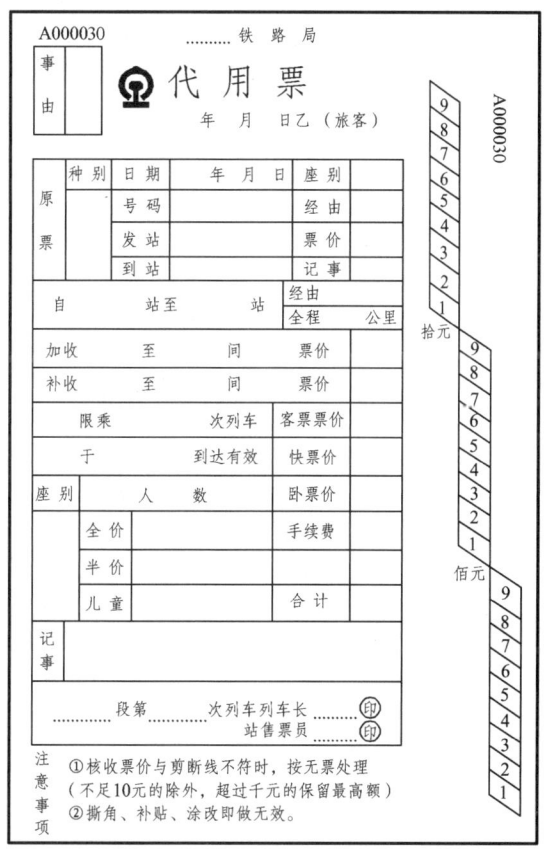

票例1-30

4. 2017 年 3 月 3 日，K553 次列车（新空调快速，温州—牡丹江，经由京沪线、津山线、京哈线、滨绥线，哈尔滨铁路局牡丹江客运段担当乘务工作），昌黎站开车后，学生孙××持昌黎站至长春站的新空调硬卧下铺车票 6 车 016 号铺，票号 E000492（见车票票样 1-25），要求办理软卧，列车有剩余 RW7 车 30 号铺，问列车如何办理？

处理依据：

车票票样 1-25

处理过程：

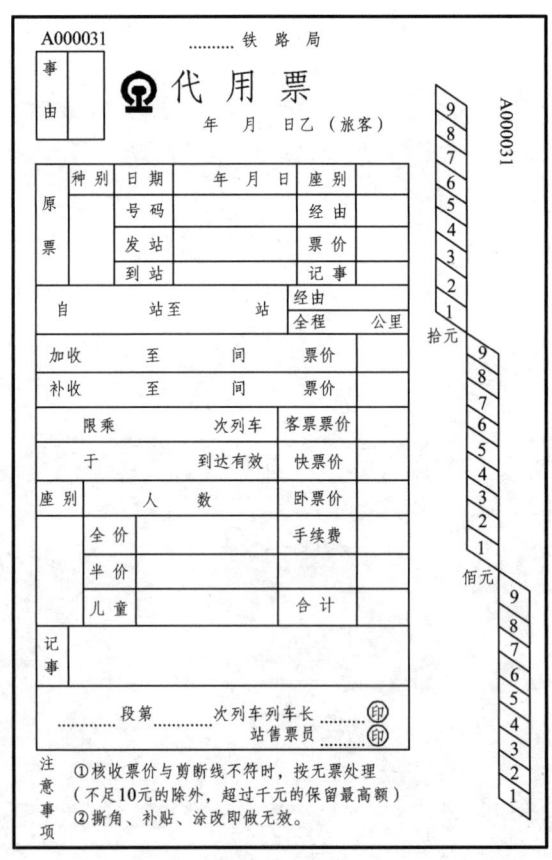

票例 1-31

【任务 I】分乘、越站、补卧

1. 2017 年 4 月 15 日，K1024 次列车（新空调快速，图们—北京，经由长图线、沈吉线、京哈线，沈阳铁路局吉林客运段担当乘务工作），唐山站开车后，旅客刘××和王××共持一张沈阳北站至北京站的代用票，票号 A000129（见车票票样 1-26），其中刘××在天津站下车，王××继续乘车至到站，问列车如何处理？

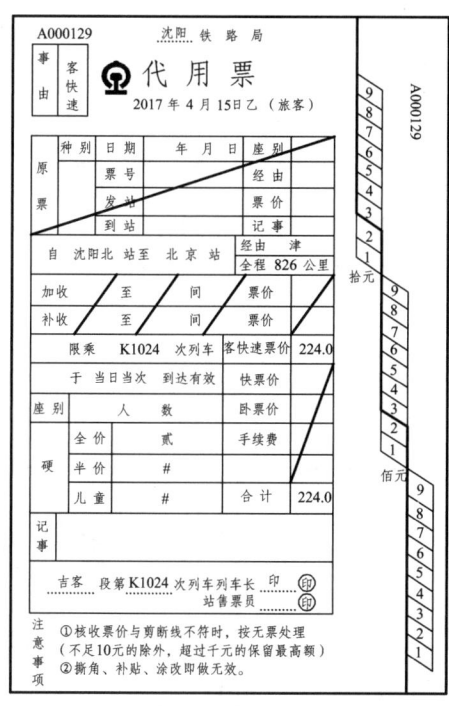

车票票样 1-26

处理依据：

处理过程：

票例 1-32

票例 1-33

2. 2017年4月18日，K703次列车（新空调快速，青岛北—哈尔滨，经由胶济线、京沪线、津山线、京哈线、沈山线、京哈线，哈尔滨铁路局哈尔滨客运段担当乘务工作），公主岭站开车后，旅客黄××、李××和王××共持一张公主岭站至长春站的代用票，票号A000130（见车票票样1-27），其中一人在长春站下车，另两名旅客要求到哈尔滨站下车，问列车如何办理？

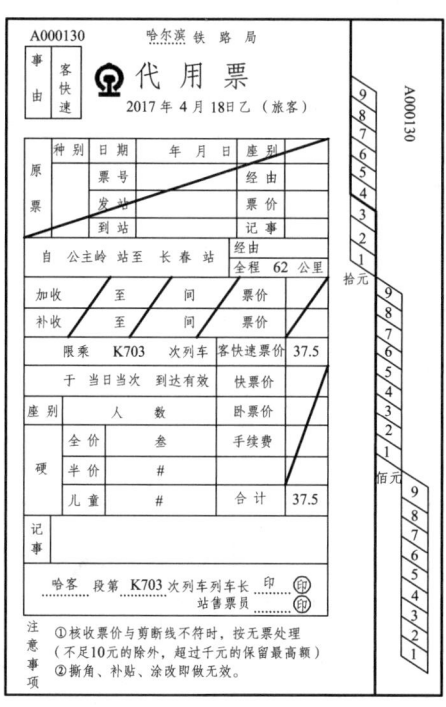

车票票样1-27

处理依据：

处理过程:

票例 1-34

票例 1-35

3. 2017年4月8日,K1061次列车（新空调快速,重庆—哈尔滨西,经由襄渝线、焦柳线、陇海线、京九线、津山线、沈山线、皇姑屯线、京哈线,哈尔滨铁路局哈尔滨客运段担当乘务工作）,大虎山站开车后,旅客黄××、李××和王××共持一张锦州站至沈阳北站代用票,票号 A000131（见车票票样 1-28）,其中一人在沈阳北站下车,另两名旅客要求到长春站下车,并且要求补办卧铺,列车有能力安排 8 车 8、9 号下铺,问列车如何办理？

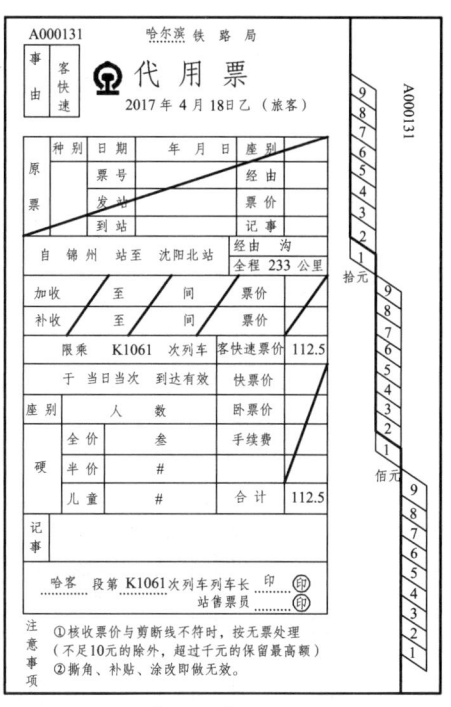

车票票样 1-28

处理依据：

处理过程：

票例 1-36

票例 1-37

- 36 -

【任务J】误售、误购

1. 2017年4月20日，K1334次列车（虚拟列车，新空调快速，太原—上海，经由石太线、石德线、京沪线，上海铁路局上海客运段担当乘务工作），一名旅客持太原站至沧州站的新空调硬座客快速车票（经由石太线、石德线），票号G023698，太原站开车后找到列车长声称自己误购车票，其实际到站为常州站，问列车如何处理？（常州站是K1334次列车办理客运业务的车站）

处理依据：

处理过程：

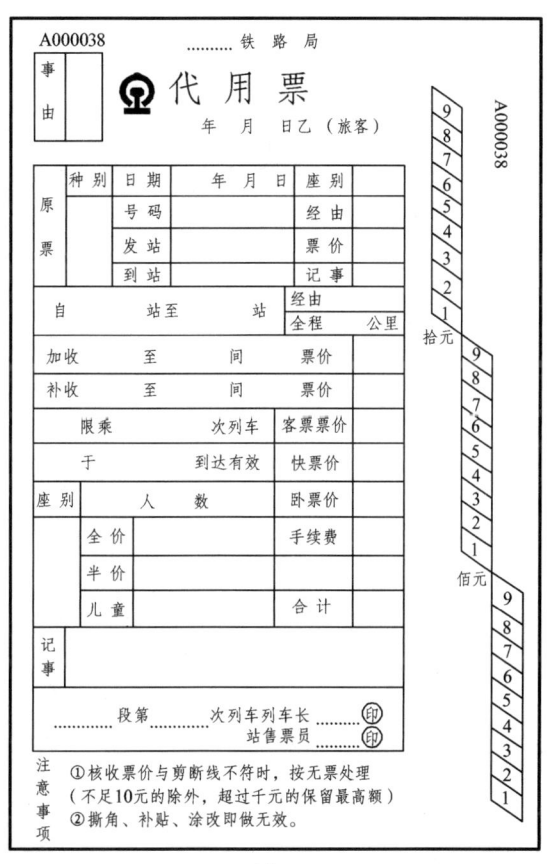

票例1-38

2. 2017年4月21日，T257次列车（虚拟列车，新空调特快，天津—衡阳，经由石德线、京广线，北京铁路局天津客运段担当乘务工作），一名旅客持当日保定站至莱阳站的硬座客快联合票（经由石德线、京沪线、胶济线），票号K032684，保定站开车后找到列车长声称自己误购车票，其实际到站为耒阳站，问列车如何处理？

处理依据：

处理过程：

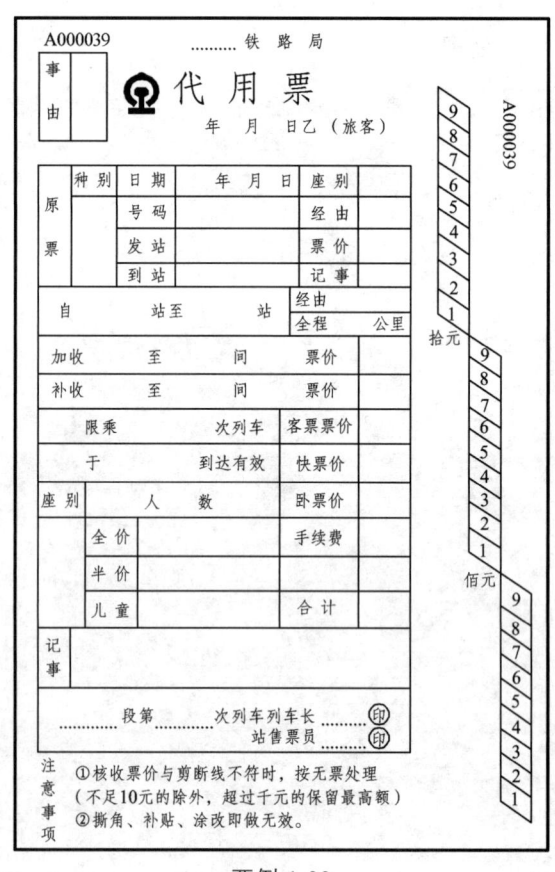

票例 1-39

3. 2017年3月18日，1479次列车（虚拟列车，新空调快普快，太原—成都，成都铁路局成都客运段担当乘务工作），旅客王××持当日一张西安站至宝鸡站的新空调硬座客快车票，票号P003468，宝鸡站开车后找到列车长声称坐过了站，列车将该旅客移交到阳平关站，阳平关站安排6066次列车将其免费送回，在免费送回途中该旅客要求在略阳站下车，问列车如何处理？

处理依据：

处理过程：

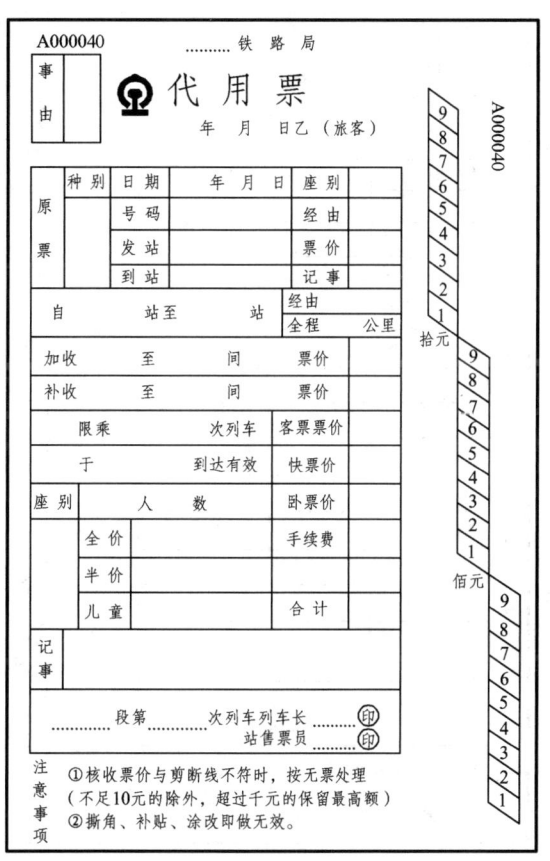

票例1-40

**4. 2017年3月16日，K386次列车（虚拟列车，新空调快速，太原—天津，太原铁路局太原客运段担当乘务工作），旅客李××持当日一张太原站至石家庄站的新空调硬座客快速车票，票号P003685，携带身高1.2 m儿童一名，声称坐过了站，衡水站指定K569次列车（新空调快速，南通至太原，太原铁路局太原客运段担当乘务工作）将其免费送回，在免费送回途中该旅客要求在辛集站下车，问列车如何处理？**

处理依据：

处理过程：

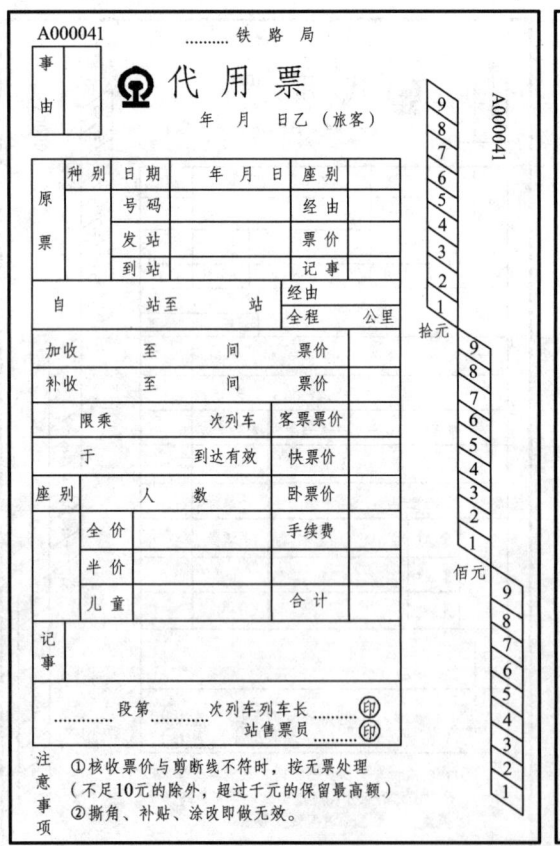

票例 1-41

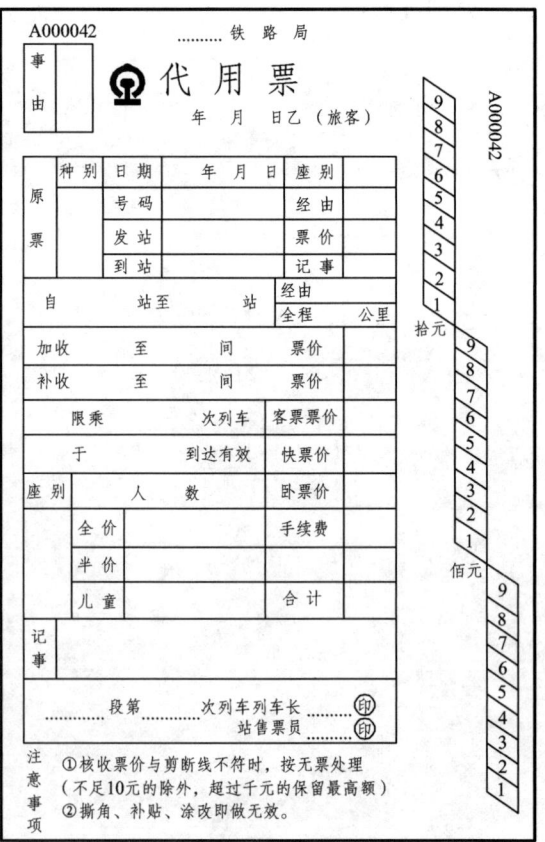

票例 1-42

## 【任务 K】减价不符

1. 2017 年 3 月 1 日，K1574 次列车（新空调快速，重庆北—长春，经由襄渝线、西康线、包西线、石太线、石德线、津山线、沈山线、京哈线，沈阳铁路局长春客运段担当乘务工作），任丘站到站前，一名学生持安康站至长春站的新空调硬座车票，票号 B090177（见车票票样 1-29），经查是长春电视大学的学生证，问列车如何办理？（K1574 次列车运行见时刻表 1-1、1-2）

车票票样 1-29

时刻表 1-1　　　　　时刻表 1-2

处理依据：



处理过程：

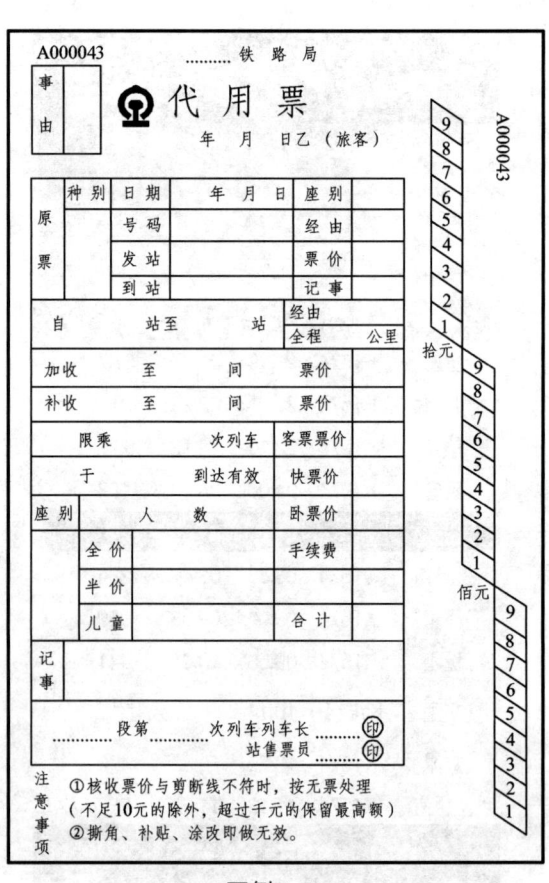

票例 1-43

2. 2017 年 3 月 3 日，K1394 次列车（新空调快速，佳木斯—烟台，经由绥佳线、京哈线、沈山线、津山线、京沪线、胶济线、蓝烟线，哈尔滨铁路局牡丹江客运段担当乘务工作），旅客王××持佳木斯站至长春站的新空调硬座车票，票号 D086205（见车票票样 1-30），南岔站到站前，经查验持用的是残疾人证，问列车如何办理？

处理依据：

车票票样 1-30

处理过程：

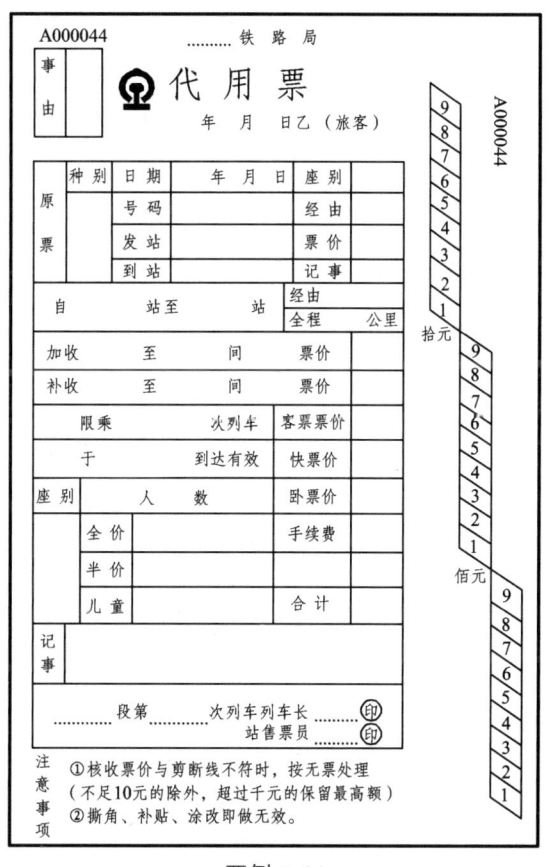

票例 1-44

## 【任务 L】越席、越站、补卧

1. 2017年3月8日，K7528次列车（新空调快速，霍林郭勒—大连，经由通霍线、大郑线、高新线、沈山线、沈大线，沈阳铁路局锦州客运段担当乘务工作），彰武站刚开车，在YW9车7号下铺发现旅客刘××持通辽站至瓦房店站的新空调硬座车票，票号F055820（见车票票样1-31），该旅客要求使用该铺至列车到站，列车有能力安排，问列车如何办理？

处理依据：

处理过程：

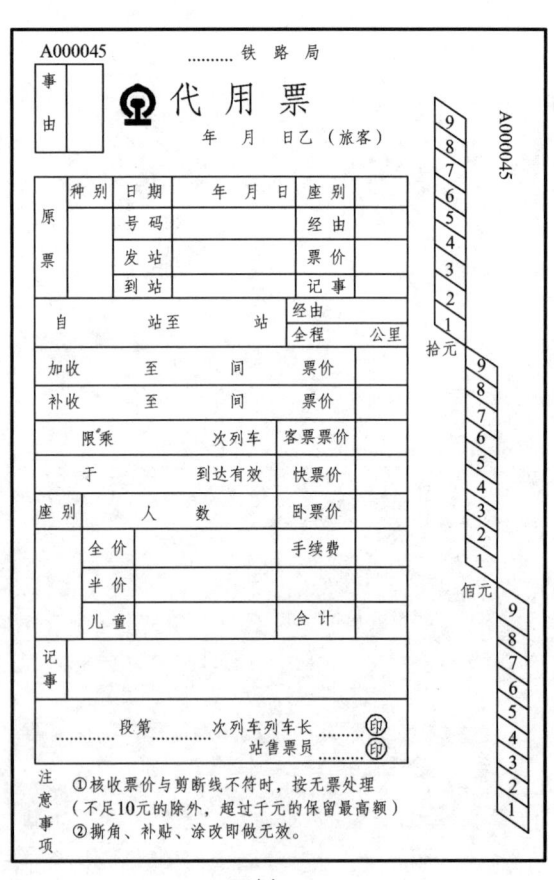

车票票样1-31

票例1-45

2. 2017年3月27日，K972次列车（新空调快速，通化—青岛北，经由梅集线、沈吉线、抚顺线、沈山线、京沪线、胶济线，沈阳铁路局吉林客运段担当乘务工作），沈阳站到站前，在RW6车15号铺发现旅客张××持通化站至沧州站的新空调硬卧车票，票号X044891（见车票票样1-32），发现并进行处理时该旅客要求乘车至潍坊站，列车有能力安排RW6车11号，问列车如何办理？

处理依据：

车票票样1-32

处理过程：

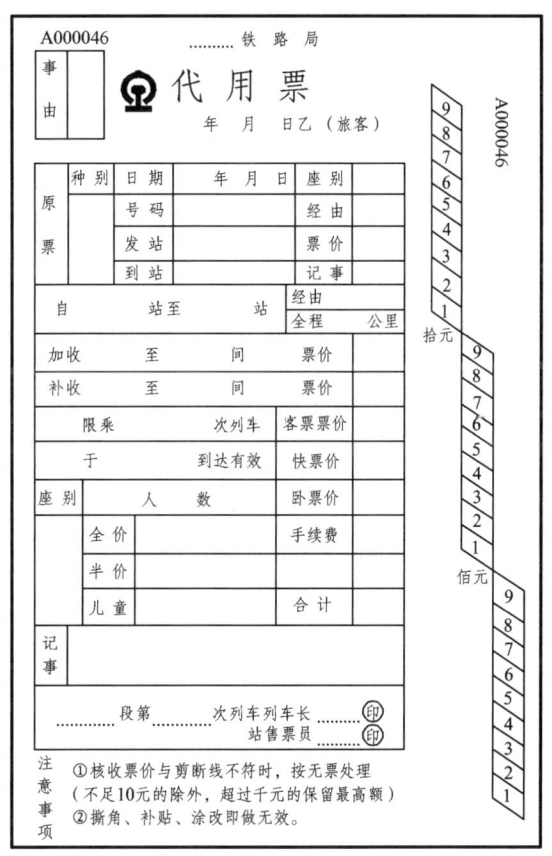

票例1-46

3. 2017年3月10日，Z118次列车（新空调直快，吉林—北京，经由长图线、京哈线，沈阳铁路局吉林客运段担当乘务工作），沈阳北站到站前，在RW10车8号铺发现旅客张××持长春站至北京站的新空调硬卧车票，票号B079254（见车票票样1-33），发现并进行处理时该旅客要求乘坐该铺至到站，列车有能力安排，问如何办理？

处理依据：

车票票样1-33

处理过程：

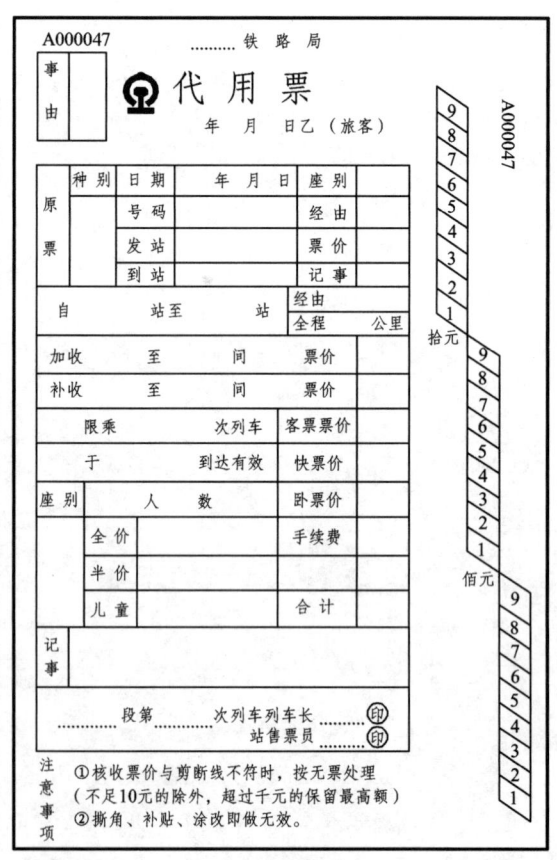

票例1-47

【任务 M】过　期

2017 年 4 月 18 日，K7375 次列车（新空调快速，大连—吉林，大连 17：19—金州 17：45—普兰店 18：23—瓦房店 18：43—熊岳城 19：37—盖州 20：00—大石桥 20：27—海城 20：52—鞍山 21：25—沈阳北 22：55—抚顺北 23：36—清原 1：31—梅河口 3：02—朝阳镇 3：33—磐石 4：04—明城 4：32—烟筒山 4：49—吉林 6：18，沈阳铁路局吉林客运段担当乘务工作），大石桥站开车后，在 YZ13 车验票发现旅客刘××持 4 月 17 日旅顺站至吉林站（经由旅顺线、沈大线、沈吉线）非空普客到底的通票，票号 A002687，问列车如何处理？(经查该旅客由大连站换乘本趟列车)

处理依据：

处理过程：

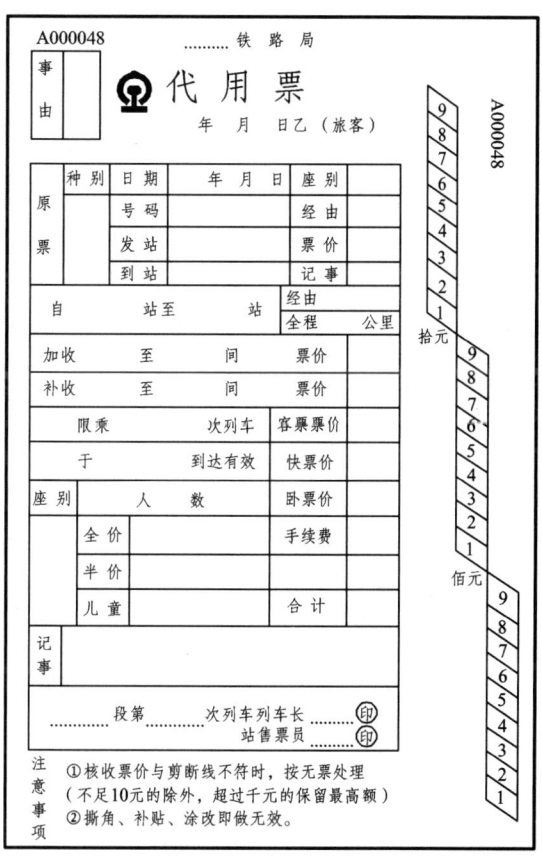

票例 1-48

【任务 N】变　径

1. 2017 年 5 月 10 日，旅客王××持安康站至北京西站的硬座普快车票（经由汉口站、麻城站、霸州站），票号 L003268，在汉口站台上找到列车长要求乘坐 1586 次（虚拟列车，非空普快，长沙—北京西，经由京广线，北京铁路局北京客运段担当乘务工作），问列车如何处理？

处理依据：

处理过程：

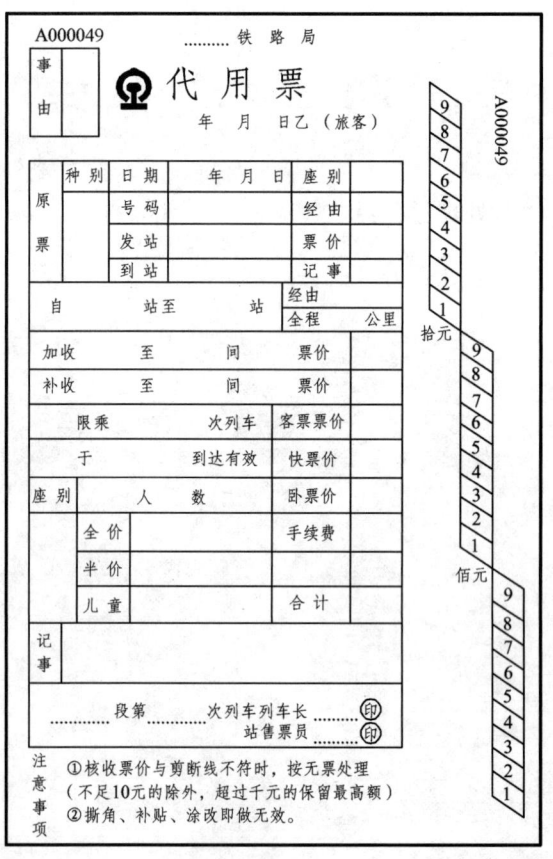

票例 1-49

2. 2017 年 5 月 10 日，D199 次列车（石家庄—贵阳，经由邯郸站、新乡站、月山站、宝丰站、襄樊站，北京铁路局石家庄客运段担当乘务工作），旅客张××持 3667 次新乡站至襄樊站的非空调硬座车票（经由郑州站、洛阳东站、宝丰站、襄樊站），票号 M003678，经查实旅客是从新乡站上车乘坐 D199 次列车二等座，问列车如何处理？

处理依据：

处理过程：

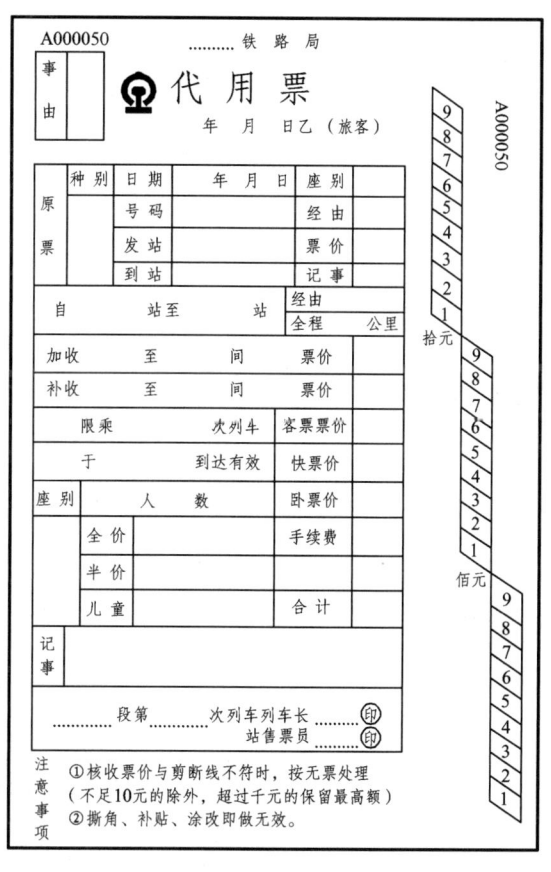

票例 1-50

3. 2017 年 5 月 13 日，K1185 次列车（虚拟，新空调快速，宝鸡—柳州，经由成都站、重庆站、贵定站，成都铁路局成都客运段担当乘务工作），宝鸡站开车时间是 8：15，贵阳站到站前，在硬座车厢发现旅客张××持 K525 次列车（虚拟列车，非空调，宝鸡—柳州，经由成都站、内江站、六盘水站、贵阳站），宝鸡站开车时间是 10：00，宝鸡至贵阳的硬座车票，票号 L000368，并携带一名 1.5 m 儿童（无票），要求继续乘车至柳州站，问列车如何处理？

处理依据：

处理过程：

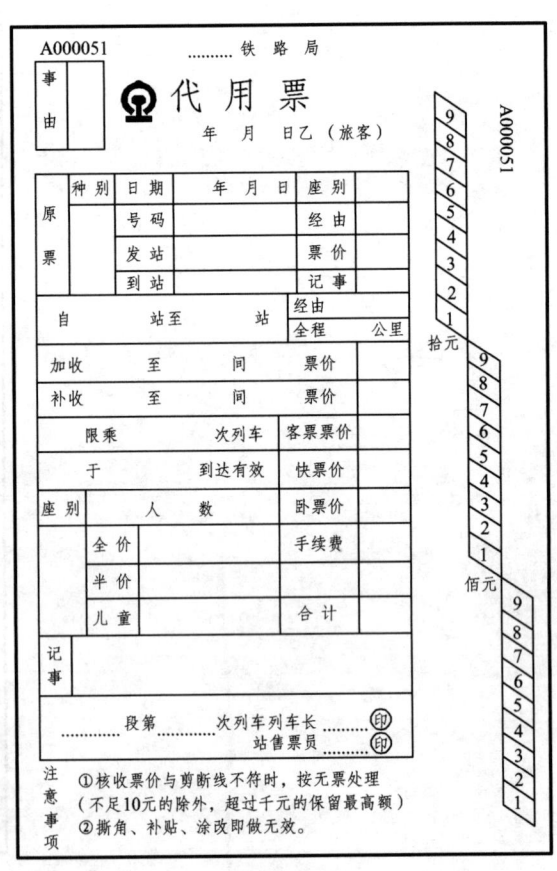

票例 1-51

## 【任务 O】违章使用乘车证

1. 2017年5月16日，K7334次列车（新空调快速，延吉—大连，经由长图线、京哈线、沈大线，沈阳铁路局吉林客运段担当乘务工作），长春站到站前查验车票，发现延吉车务段职工李××持2017年度延吉站至四平站的定期通勤乘车证，证号为公DTk003678，经查验发现该铁路乘车证系借用，问列车如何处理？

处理依据：

处理过程：

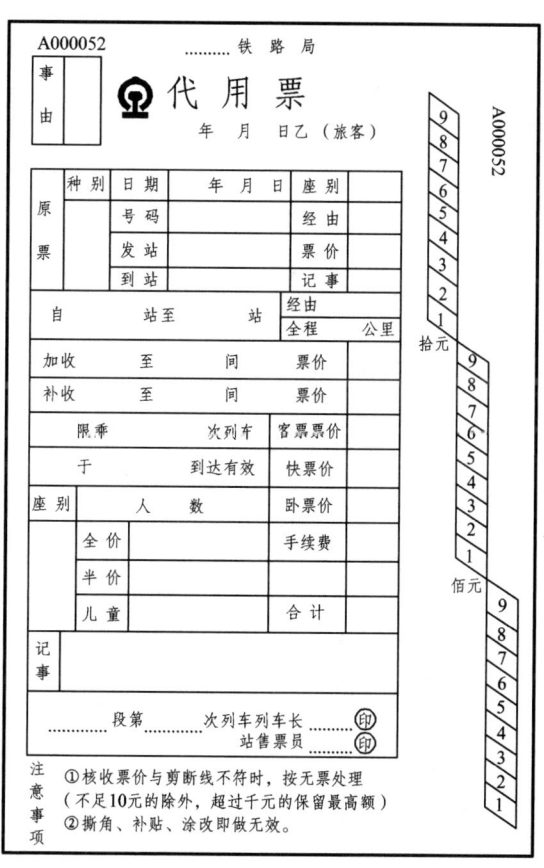

票例 1-52

2. 2017年5月1日，K516次列车（新空调快速，上海—吉林，经由京沪线、天津西线、京哈线、长图线，沈阳铁路局吉林客运段担当乘务工作），天津站到站前查验车票，发现吉林车务段职工王××持2017年度吉林站至上海站的硬席全年定期乘车证，证号为公YNj036423，经查验发现该铁路乘车证系伪造，问列车如何处理？

处理依据：

处理过程：

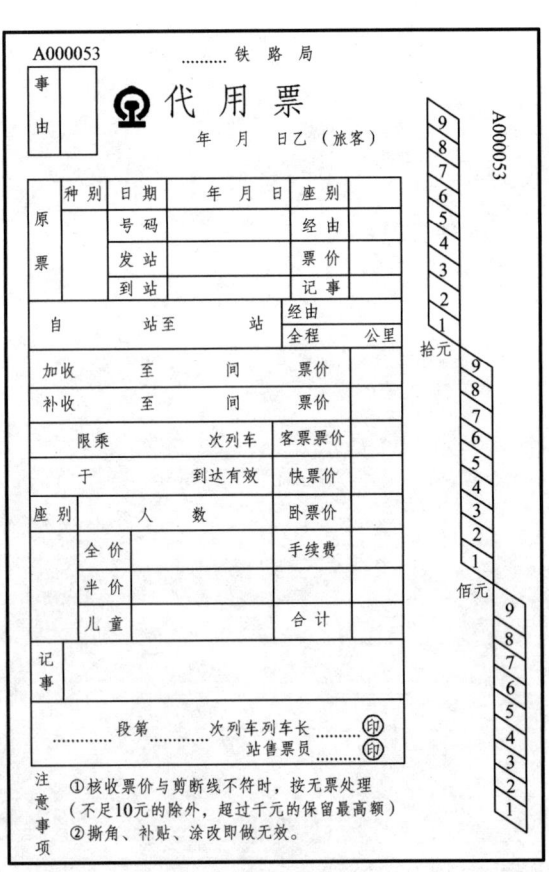

票例1-53

3. 2017年6月8日，K2288次列车（新空调快速，长春至昆明，经由京哈线、沈山线、津霸线、京广线、焦柳线、沪昆线，沈阳铁路局长春客运段担当乘务工作），沈阳北站刚开车后验票，发现长春房产段职工李××持长春站至昆明站的硬席临时定期乘车证，证号为公YLd490026，有效期是2017年1月1日至3月31日，问列车如何处理？（K2288次列车运行见时刻表1-3、1-4、1-5、1-6）

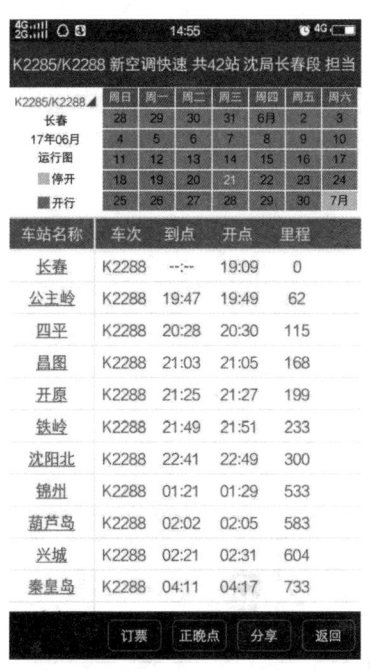

时刻表1-3

时刻表1-4

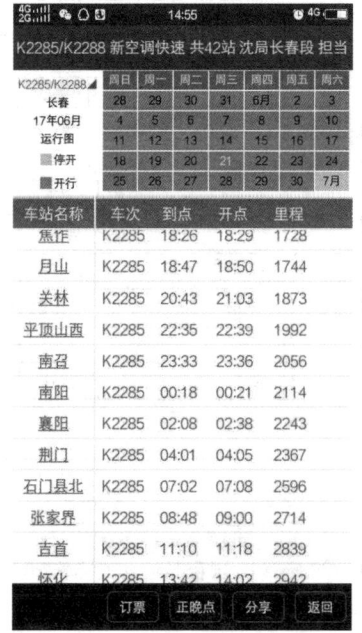

时刻表1-5

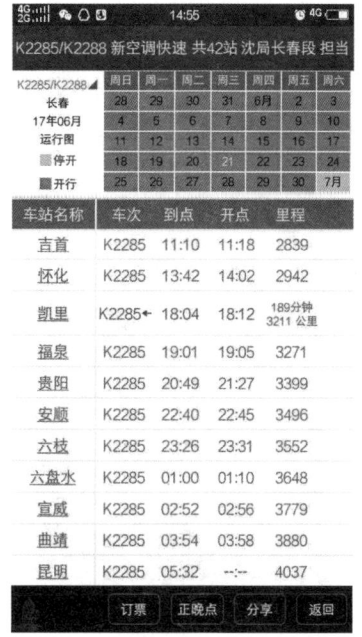

时刻表1-6

处理依据：

处理过程：

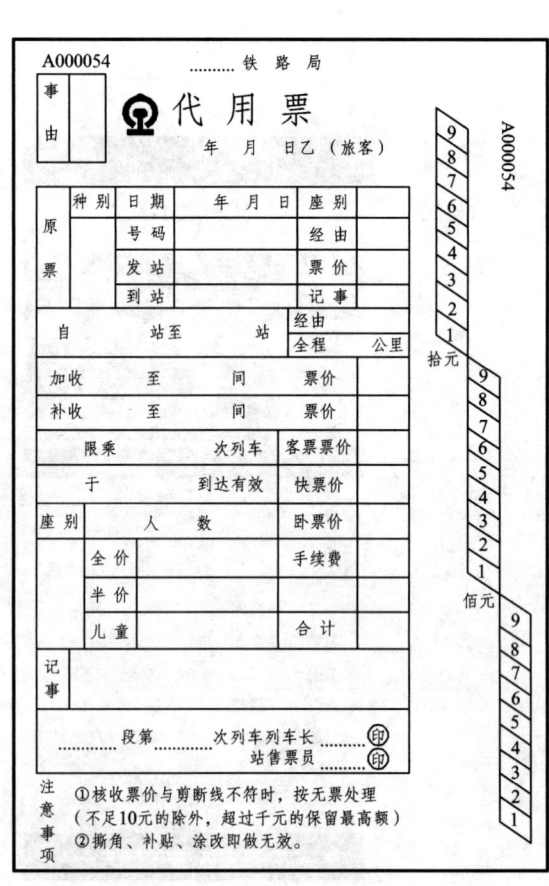

票例 1-54

**4.** 2017年5月8日，K78次列车（新空调快速，长春至宁波，经由沈吉线、京哈线、天津西线、京沪线，沈阳铁路局吉林客运段担当乘务工作），德州站到站前验票，发现山海关机务段职工陈××持本人山海关站至宁波站的往返硬席乘车证，证号为公YXk002368，有效期是4月5日至4月30日，问列车如何处理？

处理依据：

处理过程：

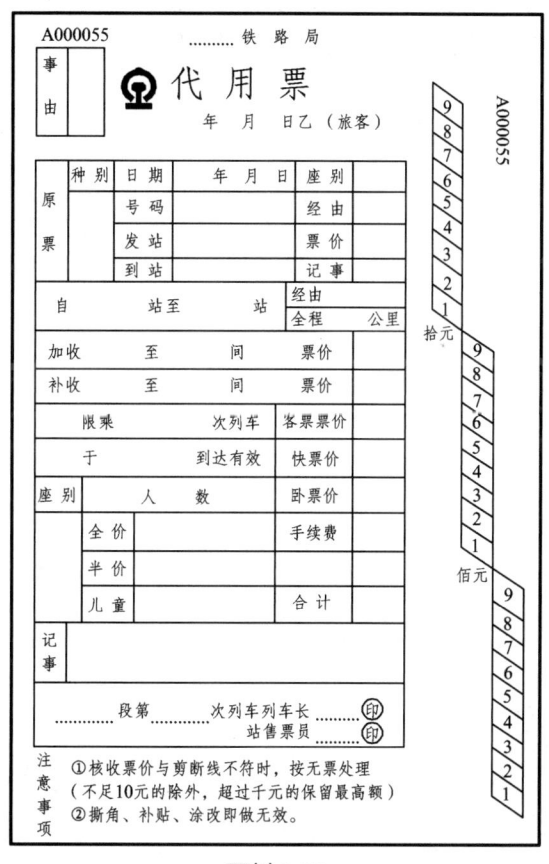

票例 1-55

# 项目二 客运运价杂费收据练习题

## 【任务A】超 重

1. 2017年2月26日，K974次列车（新空调快速，襄阳—哈尔滨，经由汉丹线、京广线、陇海线、京九线、津霸线、津山线、沈山线、皇姑屯线、京哈线，哈尔滨铁路局哈尔滨客运段担当乘务工作），菏泽站开车后，在YW7车015号下铺发现旅客携带的拉杆箱内物品重41 kg，经查是学生王××持信阳站至长春站的新空调硬卧车票，07车015号中铺，票号L023901（见车票票样2-1），问列车如何处理？

处理依据：

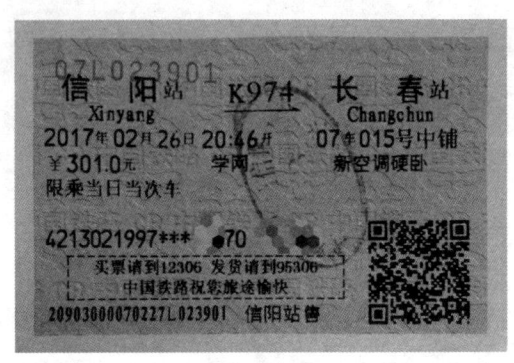

车票票样2-1

处理过程：

票例2-1

2. 2017 年 3 月 8 日，K7519 次列车（新空调快速，凌源—大连，经由锦承线、新义线、沈大线，沈阳铁路局沈阳客运段担当乘务工作），新立屯站开车后，在 YZ2 车发现一个菜墩重 28 kg，经查是旅客刘××携带的，其持阜新南站至瓦房店站的新空调硬座车票，02 车 098 号，票号 N011245（见车票票样 2-2），并携带 1.1 m 儿童一名，问列车如何处理？（K7519 次列车运行见时刻表 2-1）

车票票样 2-2

时刻表 2-1

处理依据：



处理过程：

票例 2-2

3. 2017年3月3日，K1383次列车（新空调快速，包头—哈尔滨西，经由京包线、集通线、大郑线、京哈线，集通公司铁路局呼和浩特客运段担当乘务工作），在林东站旅客李××携带1.25 m儿童一名找到列车长要求上车补票，列车长同意，补收林东站至长春站的新空硬座车票，票号F029227、F029228（见车票票样2-3、2-4），携带行李2件共36.8 kg，苹果1箱15 kg，问列车如何处理？

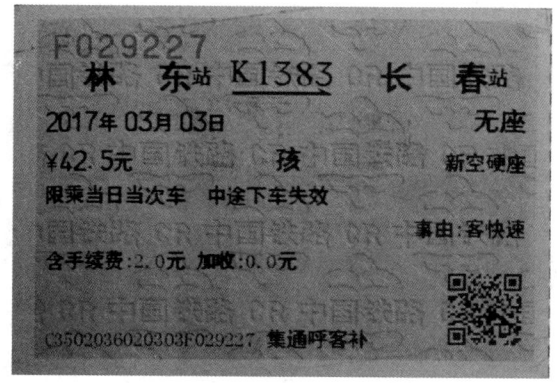
车票票样2-3

车票票样2-4

处理依据：

处理过程：

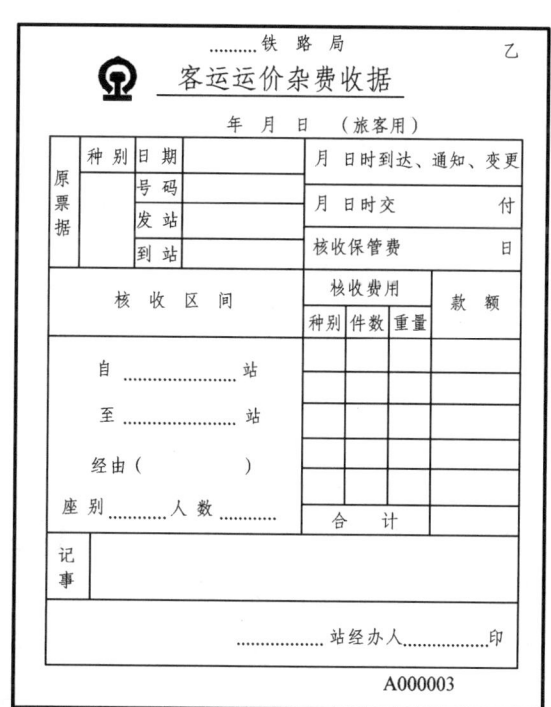
票例2-3

【任务 B】超　大

1. 2017 年 3 月 10 日，K1230 次列车（新空调快速列车，齐齐哈尔—大连，经由京哈线、沈大线，沈阳铁路局长春客运段担当乘务工作），大石桥站开车后，在 YZ2 车发现旅客张××持鞍山站至金州站的新空调硬座车票 2 车 095 号，票号 F048497（见车票票样 2-5），携带一个杆状物品长 210 cm、重 9 kg，问列车如何处理？

处理依据：

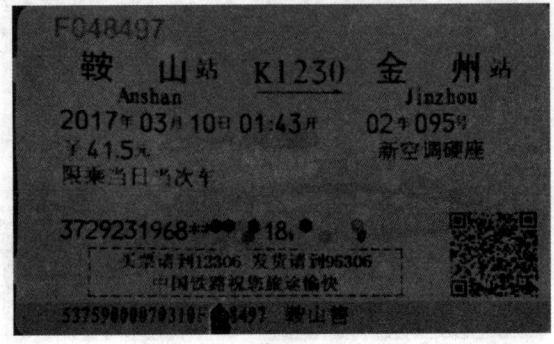

车票票样 2-5

处理过程：

票例 2-4

2. 2017年2月26日，K39次列车（新空调快速列车，北京—海拉尔，经由京哈线、沈山线，沈阳站、京哈线，哈尔滨铁路局齐齐哈尔客运段担当乘务工作），天津站开车后，在YW14车发现一名学生温××持北京站至长春站的新空调硬卧车票，14车014号下铺，票号G037702（见车票票样2-6），携带一个纸箱长×宽×高为80 cm×60 cm×30 cm，内装一台台式电脑，重28.6 kg，问列车如何处理？

处理依据：

车票票样2-6

处理过程：

票例2-5

3. 2017年4月7日，K515次列车（新空调快速列车，吉林—上海，经由长图线、京哈线、天津西线、京沪线，沈阳铁路局吉林客运段担当乘务工作），天津站开车后，在YW9车发现旅客张××持天津站至上海站的新空调硬卧车票，09车022号下铺，票号J030610（见车票票样2-7），携带一个相框长×宽×高为100 cm×60 cm×5 cm，重5.1 kg，问列车如何处理？

处理依据：

车票票样2-7

处理过程：

票例2-6

【任务C】低值品

1. 2017年2月22日，K546次列车（新空调快速，成都—佳木斯，经由宝成线、陇海线、包西线、太中线、石太客专线、石德线、津霸线、津山线、京哈线、绥佳线，哈尔滨铁路局佳木斯客运段担当乘务工作），广元站开车后，在YW8车发现旅客王××持成都站至长春站的新空调硬卧车票，08车004号中铺，票号E008234（见车票票样2-8），携带一名身高1.03 m的儿童和葡萄干40 kg，问列车如何处理？（当地葡萄干价格为4.5元/kg）（K546次列车运行时间见时刻表2-2、2-3）

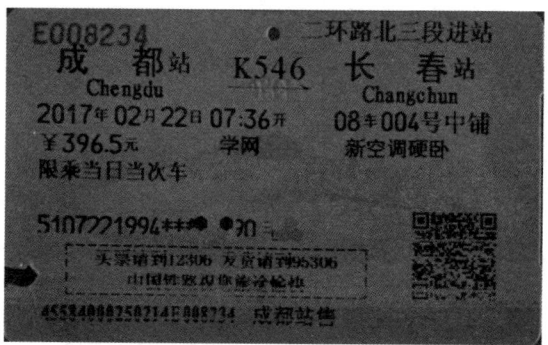

车票票样2-8

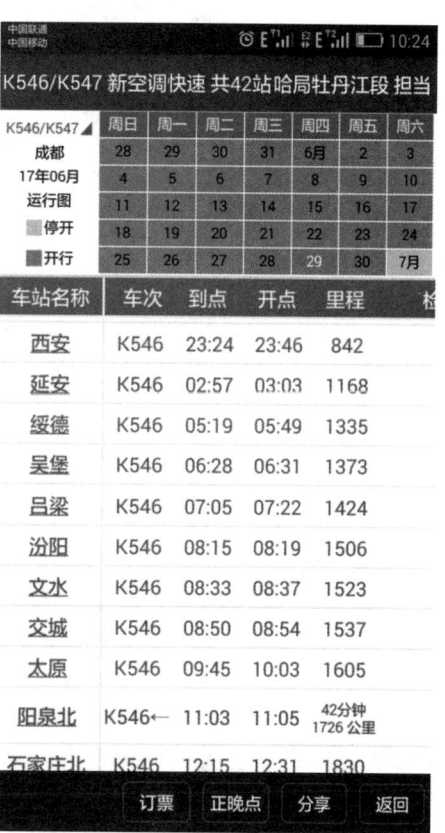

时刻表2-2                     时刻表2-3

- 63 -

处理依据：


处理过程：

票例 2-7

2. 2017年3月2日，2624次列车（新空调普快，满洲里—大连，经由滨洲线、京哈线、沈大线，沈阳铁路局沈阳客运段担当乘务工作），哈尔滨站开车后，在YW13车发现一名长春大学的学生王××持满洲里站至长春站的有效新空调硬卧车票，13车022号中铺，票号R000992（见车票票样2-9），携带黄豆60 kg，问列车如何处理？（当地黄豆价格为1.9元/kg）

处理依据：

车票票样2-9

处理过程：

票例2-8

## 【任务 D】动　物

2017 年 3 月 3 日，K704 次列车（哈尔滨—青岛北，经由京哈线、沈山线、津山线、京沪线，哈尔滨铁路局哈尔滨客运段担当乘务工作），德惠站开车后，在 YZ3 号车厢内发现旅客王××持德惠站至长春站的新空调硬座车票，票号 E048609（见车票票样 2-10），携带一只小狗，重 5.3 kg，问列车如何处理？

处理依据：

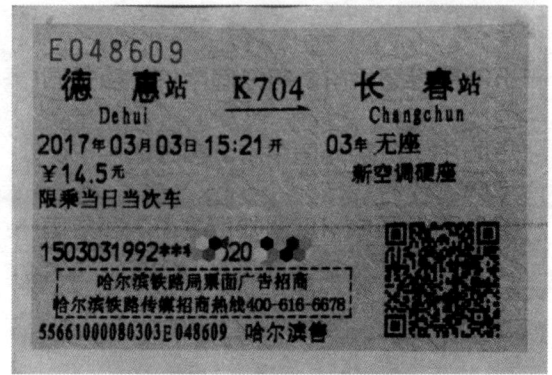

车票票样 2-10

处理过程：

票例 2-9

## 【任务 E】危险品

1. 2017 年 3 月 9 日，K56 次列车（新空调快速，包头—大连，经由京包线、京哈线、沈山线、沈大线，沈阳铁路局大连客运段担当乘务工作），大石桥站到站前，在 YZ6 车发现旅客姜××持沈阳站至大连站的新空调硬座车票，06 车 059 号，票号 S022427（见车票票样 2-11），携带发令纸 5.5 kg，问列车如何处理？

处理依据：

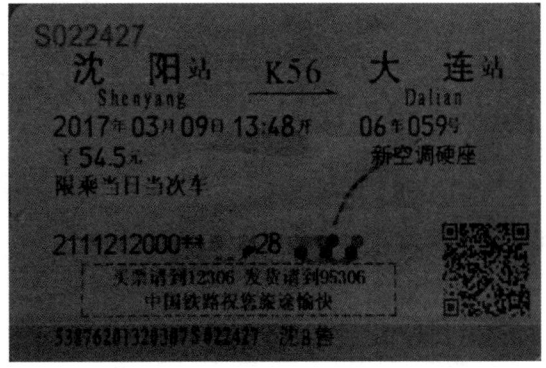

车票票样 2-11

处理过程：

票例 2-10

2. 2017年3月10日，K930次列车（新空调快速，佳木斯—大连，经由滨绥线、京哈线、沈大线，哈尔滨铁路局牡丹江客运段担当乘务工作），大连站到站前，在YZ3车发现旅客于××持汤原站至大连站的新空调硬座车票，03车042号，票号A054262（见车票票样2-12），携带菜刀3把共重8.1 kg，问列车如何处理？

处理依据：

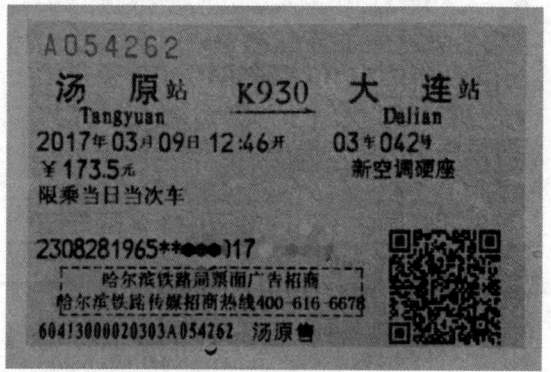

车票票样2-12

处理过程：

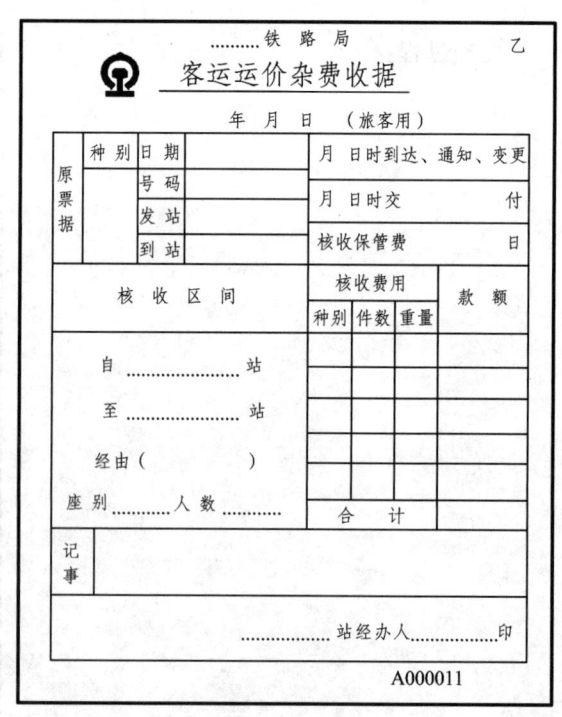

票例2-11

# 代用票练习题答案

## 【任务 A】无　票

### 习题 1

一、处理依据：

依据《铁路旅客运输规程》第四十五条规定，主动补票或者经站、车同意上车补票的，只补收票价，核收手续费。

二、处理过程：

1. 按分票种计算

处理事由：无票

兖州—长春　1 497 km

新空调硬座票价：108.5 元

新空调快速加快票价：42.0 元

空调票：27.0 元

手续费：2.0

合计：111.5 + 42.0 + 27.0 + 2.0 = 179.5（元）

除列车移动补票机故障外，手工填发代用票，见票例 1-1。

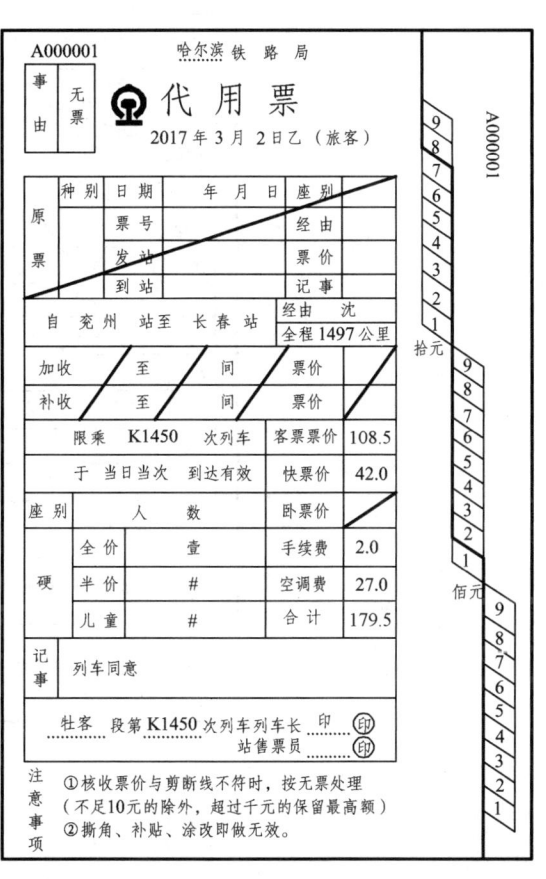

票例 1-1

2. 按联合票计算

处理事由：无票

兖州—长春　1 497 km

新空调硬座客快速票价：177.5 元

手续费：2.0

合计：177.5 + 2.0 = 179.5（元）

除列车移动补票机故障外，手工填发代用票，见票例 1-2。

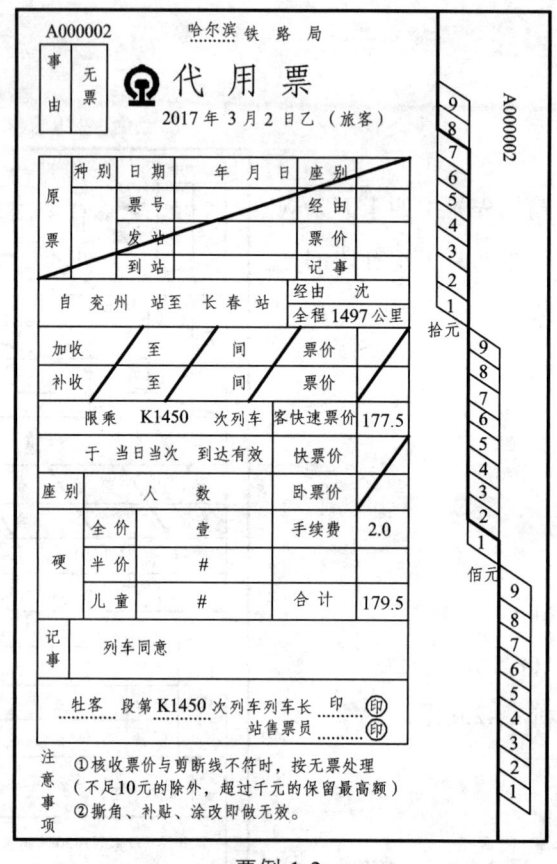

票例 1-2

习题 2

一、处理依据：

依据《铁路旅客运输规程》第四十四条规定，无票乘车时，补收自乘车站（不能判明时自始发站）起至到站止车票票价。除按规定补票，核收手续费以外，铁路运输企业有权对其身份进行登记，并须加收已乘区间应补票价 50% 的票款。

二、处理过程：

处理事由：无票
平邑—牡丹江　2 198 km
新空调硬座客快速票价：240.0 元
加收 50% 的票款：
平邑—兖州　95 km
新空调硬座客快速票价：240.0 元
加收：15.5 × 50% = 7.75 ≈ 7.8（元）
手续费：2.0 元
合计：240.0 + 7.8 + 2.0 = 249.8（元）
除列车移动补票机故障外，手工填发代用票，见票例 1-3。

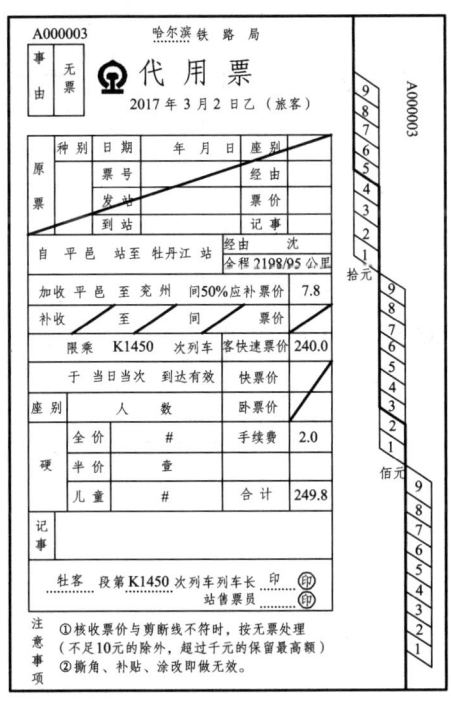

票例 1-3

习题 3

一、处理依据：

1. 依据《铁路旅客运输办理细则》第十七条规定，符合减价优待条件的学生无票乘车时，除补收票款外，同时应在减价优待证上登记盖章，作为登记一次乘车次数。

2. 依据《铁路旅客运输规程》第四十四条规定，无票乘车时，补收自乘车站（不能判明时自始发站）起至到站止车票票价。除按规定补票，核收手续费以外，铁路运输企业有权对其身份进行登记，并须加收已乘区间应补票价 50%的票款。

二、处理过程：

处理事由：无票

沈阳—大连　397 km

全价新空调硬座客快速票价：54.5 元

半价新空调硬座客快速票价：

$54.5 \times 50\% = 27.25 \approx 27.5$（元）

加收 50%的票款：

沈阳—大石桥　157 km

全价新空调硬座客快速票价：23.5 元

半价新空调硬座客快速票价：

$23.5 \times 50\% = 11.75 \approx 12.0$（元）

加收：$12.0 \times 50\% = 6.0$（元）

手续费：2.0 元

合计：$27.5 + 6.0 + 2.0 = 35.5$（元）

除列车移动补票机故障外，手工填发代用票，见票例 1-4。

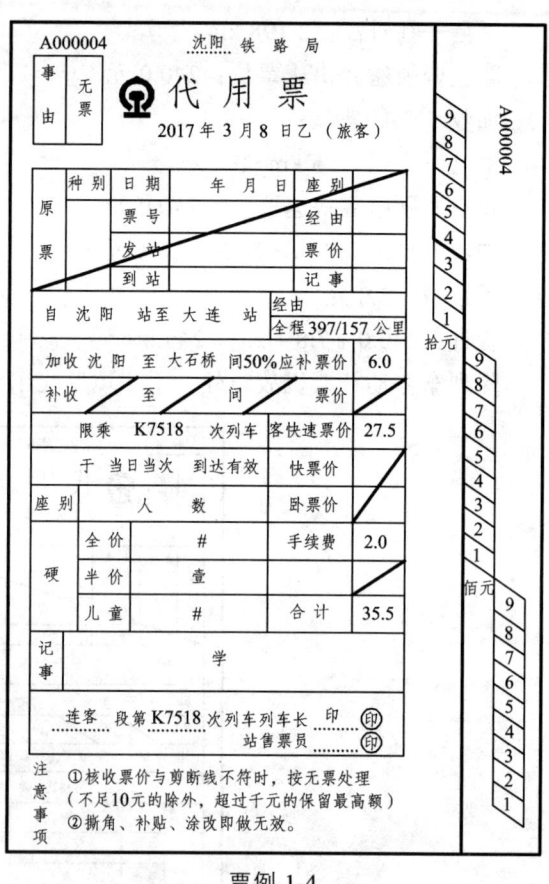

票例 1-4

习题 4

一、处理依据：

依据《铁路旅客运输规程》第十九条规定，承运人一般不接受儿童单独旅行（乘火车通学的学生和承运人同意在旅途中监护的除外）。随同成人旅行身高 1.2～1.5 m 的儿童，应当购买儿童票。超过 1.5 m 时应买全价票。每一成人旅客可免费携带一名身高不足 1.2 m 的儿童，超过一名时，超过的人数应买儿童票。

二、处理过程：

处理事由：超高
成都—西安  842 km
全价新空调硬座客快速票价：112.0 元
半价新空调硬座客快速票价：112.0 × 50% = 56.0（元）
手续费：2.0 元
合计：56.0 + 2.0 = 58.0（元）
除列车移动补票机故障外，手工填发代用票，见票例 1-5。

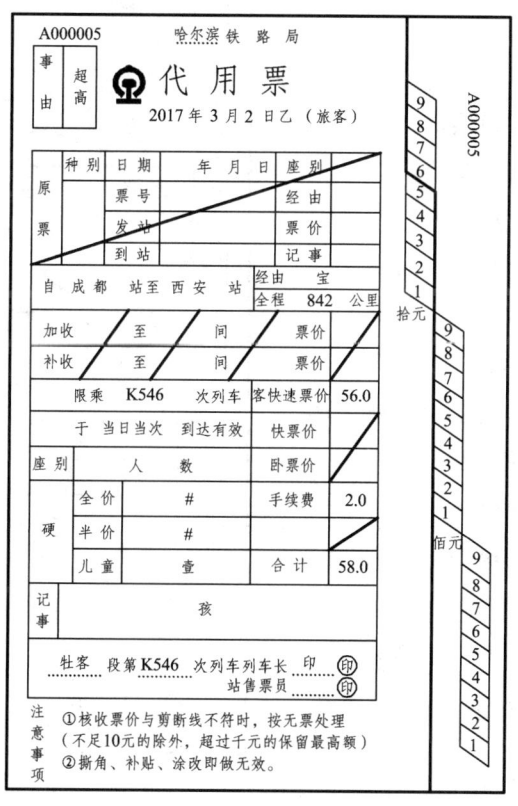

票例 1-5

## 习题 5

一、处理依据：

1. 依据《铁路旅客运输规程》第二十一条规定，中国人民解放军和中国人民武装警察部队因伤致残的军人凭"中华人民共和国残疾军人证"、因公致残的人民警察凭"中华人民共和国伤残人民警察证"购买优待票（以下简称残疾军人票）。

2. 依据《铁路旅客运输规程》第四十四条规定，无票乘车时，补收自乘车站（不能判明时自始发站）起至到站止车票票价。除按规定补票，核收手续费以外，铁路运输企业有权对其身份进行登记，并须加收已乘区间应补票价 50%的票款。

3. 依据《铁路旅客运输规程》第十九条规定，承运人一般不接受儿童单独旅行（乘火车通学的学生和承运人同意在旅途中监护的除外）。随同成人旅行身高 1.2～1.5 m 的儿童，应当购买儿童票。超过 1.5 m 时应买全价票。每一成人旅客可免费携带一名身高不足 1.2 m 的儿童，超过一名时，超过的人数应买儿童票。

二、处理过程：

处理事由：无票

三门峡—蚌埠　759 km

全价新空调硬座客快速票价：102.0 元

半价新空调硬座客快速票价：

$102.0 \times 50\% = 51.0$（元）

2 人票价：$51.0 \times 2 = 102.0$（元）

加收 50%的票款：

三门峡—商丘　449 km

全价新空调硬座客快速票价：64.5 元

半价新空调硬座客快速票价：

$64.5 \times 50\% = 32.25 \approx 32.5$（元）

加收：$32.5 \times 50\% = 16.25 \approx 16.3$（元）

手续费：4.0 元

合计：$102.0 + 16.3 + 4.0 = 122.3$（元）

除列车移动补票机故障外，手工填发代用票，见票例 1-6。

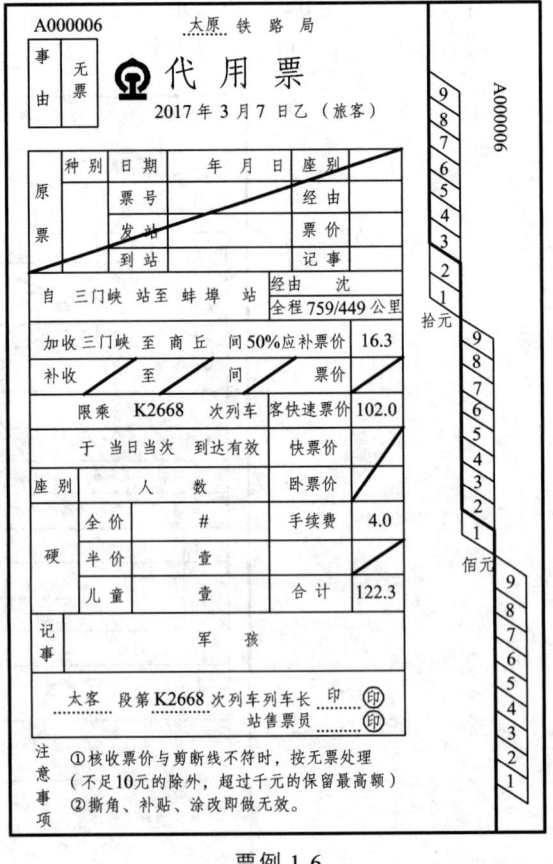

票例 1-6

## 【任务 B】变　座

### 习题 1

一、处理依据：

依据《铁路旅客运输规程》第十五条规定，发售软座客票时最远至本次列车终点站。旅客在乘车区间中，要求一段乘坐硬座车，一段乘坐软座车时，全程发售硬座客票。乘坐软座时，另收软座区间的软硬座票价差额。

二、处理过程：

处理事由：变座

德惠—长春　81 km

新空调软座票价：15.5 元

新空调硬座票价：8.5 元

软、硬座票价差：

15.5 – 8.5 = 7.0（元）

手续费：2.0 元

合计：7.0 + 2.0 = 9.0（元）

除列车移动补票机故障外，手工填发代用票，见票例 1-7。

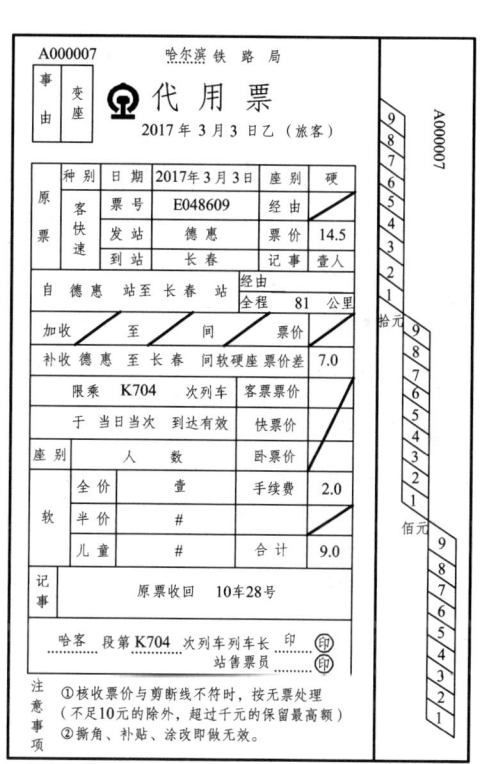

票例 1-7

## 习题 2

一、处理依据：

依据《铁路旅客运输规程》第十五条规定，发售软座客票时最远至本次列车终点站。旅客在乘车区间中，要求一段乘坐硬座车，一段乘坐软座车时，全程发售硬座客票。乘坐软座时，另收软座区间的软硬座票价差额。

二、处理过程：

处理事由：变座

兴城—长春　616 km

全价新空调软座客快速票价：136.0 元

全价新空调硬座客快速票价：86.0 元

半价新空调硬座客快速票价：

$86.0 \times 50\% = 43.0$（元）

软、硬座票价差：

$136.0 - 43.0 = 93.0$（元）

手续费：2.0 元

合计：$93.0 + 2.0 = 95.0$（元）

除列车移动补票机故障外，手工填发代用票，见票例 1-8。

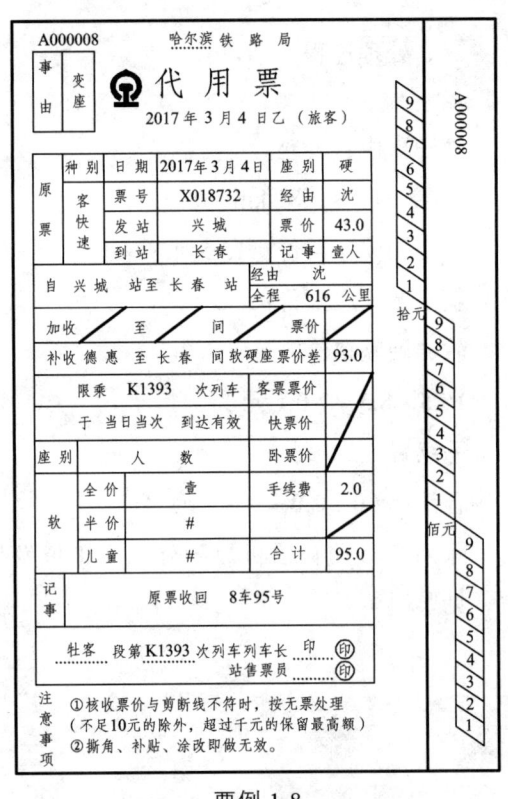

票例 1-8

习题 3

一、处理依据：

1. 依据《铁路旅客运输规程》第十五条规定，发售软座客票时最远至本次列车终点站。旅客在乘车区间中，要求一段乘坐硬座车，一段乘坐软座车时，全程发售硬座客票。乘坐软座时，另收软座区间的软硬座票价差额。

2. 依据《铁路旅客运输规程》第十九条规定，承运人一般不接受儿童单独旅行（乘火车通学的学生和承运人同意在旅途中监护的除外）。随同成人旅行身高 1.2～1.5 m 的儿童，应当购买儿童票。超过 1.5 m 时应买全价票。每一成人旅客可免费携带一名身高不足 1.2 m 的儿童，超过一名时，超过的人数应买儿童票。

二、处理过程：

处理事由：超高、变座

1. 超高

甘旗卡—瓦房店　532 km

全价新空调硬座客快速票价：75.0 元

半价新空调硬座客快速票价：

$75.0 \times 50\% = 37.5$（元）

2. 变座

沈阳—瓦房店　292 km

全价新空调软座客快速票价：66.5 元

半价新空调软座客快速票价：

$66.5 \times 50\% = 33.25 \approx 33.5$（元）

全价新空调硬座客快速票价：43.5 元

半价新空调硬座客快速票价：

$43.5 \times 50\% = 21.75 \approx 22.0$（元）

成人软、硬座票价差：

$66.5 - 43.5 = 23.0$（元）

儿童软、硬座票价差：

$33.5 - 22.0 = 11.5$（元）

手续费：4.0 元

合计：$37.5 + 23.0 + 11.5 + 4.0 = 76.0$（元）

除列车移动补票机故障外，手工填发代用票，见票例 1-9。

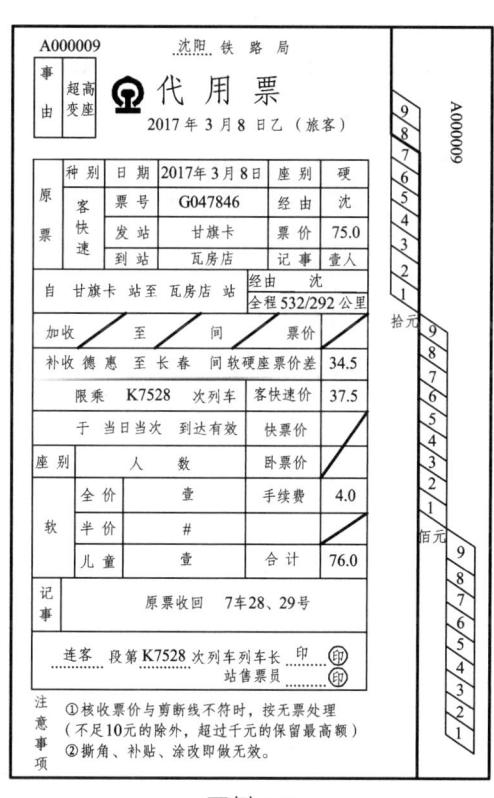

票例 1-9

## 【任务C】越 站

### 习题1

一、处理依据：

依据《铁路旅客运输办理细则》第三十四条规定，旅客在到站前要求越过到站继续旅行时，在列车有能力的情况下应予以办理。办理时核收越站区间的票价，不足起码里程时，按起码里程计算；旅客同时提出变更座别、铺别和越站时，应先办理越站，后办理变更，使用一张代用票，核收一次手续费。遇有下列情况不能办理越站：

（1）列车严重超员；
（2）乘坐卧铺的旅客买的是给中途站预留的卧铺；
（3）乘坐的回转车，途中需要甩车。

二、处理过程：

处理事由：越站
原票：梅河口—瓦房店　520 km
新空调硬座客快速票价：72.0 元
瓦房店—大连　105 km
新空调硬座客快速票价：16.5 元
手续费：2.0 元
合计：16.5 + 2.0 = 18.5（元）
除列车移动补票机故障外，手工填发代用票，见票例1-10。

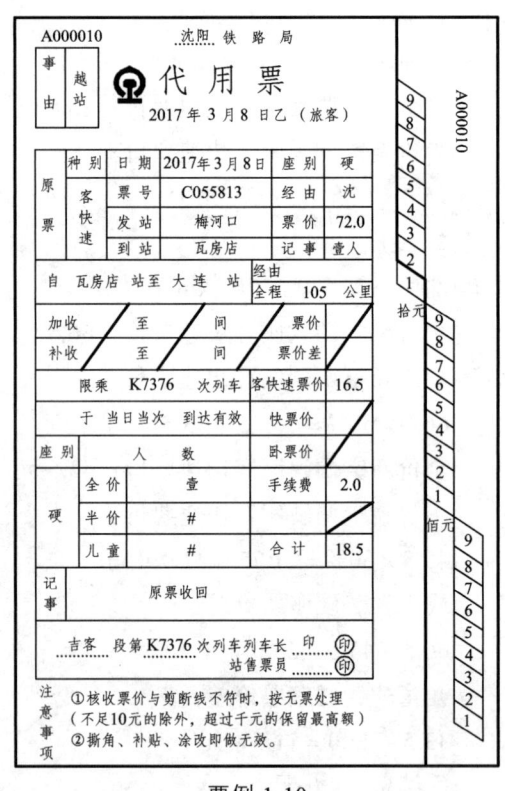

票例1-10

习题 2

一、处理依据：

1. 依据《铁路旅客运输办理细则》第三十四条规定，旅客在到站前要求越过到站继续旅行时，在列车有能力的情况下应予以办理。办理时核收越站区间的票价，不足起码里程时，按起码里程计算；旅客同时提出变更座别、铺别和越站时，应先办理越站，后办理变更，使用一张代用票，核收一次手续费。遇有下列情况不能办理越站：
（1）列车严重超员；
（2）乘坐卧铺的旅客买的是给中途站预留的卧铺；
（3）乘坐的回转车，途中需要甩车。

2. 依据《铁路旅客运输规程》第十九条规定，每一成人旅客可免费携带一名身高不足 1.2 m 的儿童，超过一名时，超过的人数应买儿童票。

二、处理过程：

处理事由：
超高、越站
原票：梅河口—瓦房店　520 km
新空调硬座客快速票价：72.0 元
超高：梅河口—大连　625 km
新空调硬座客快速票价：86.0 元
半价新空调硬座客快速票价：86.0 × 50% = 43.0（元）

2. 成人越站
瓦房店—大连　105 km
新空调硬座客快速票价：16.5 元
手续费：4.0 元
合计：43.0 + 16.5 + 4.0 = 63.5（元）
除列车移动补票机故障外，手工填发代用票，见票例 1-11。

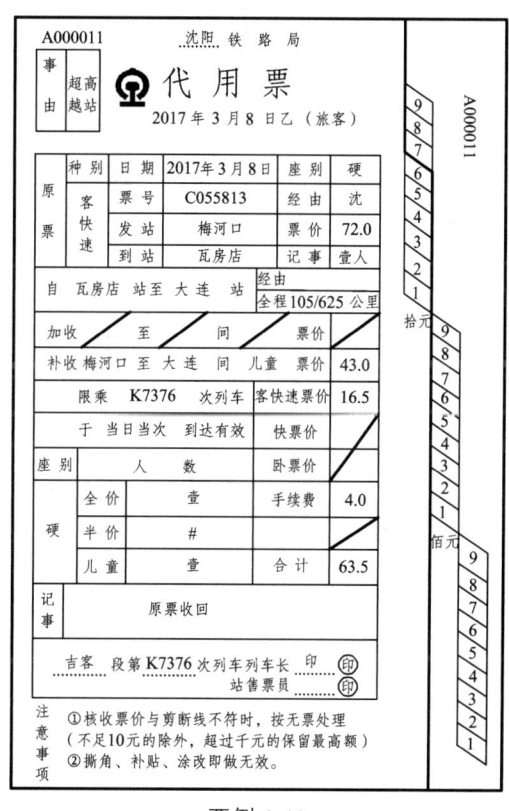

票例 1-11

习题3

一、处理依据：

1. 依据《铁路旅客运输办理细则》第三十四条规定，旅客在到站前要求越过到站继续旅行时，在列车有能力的情况下应予以办理。办理时核收越站区间的票价，不足起码里程时，按起码里程计算；旅客同时提出变更座别、铺别和越站时，应先办理越站，后办理变更，使用一张代用票，核收一次手续费。遇有下列情况不能办理越站：

（1）列车严重超员；

（2）乘坐卧铺的旅客买的是给中途站预留的卧铺；

（3）乘坐的回转车，途中需要甩车。

2. 依据《铁路旅客运输办理细则》第十七条规定，超过减价优待证上记载的区间乘车时，对超过区间按一般旅客办理，核收全价。

二、处理过程：

处理事由：越站

原票：驻马店—长春　2 094 km

新空调硬座客快速卧票价：281.0元

长春—哈尔滨　246 km

新空调硬座客快速票价：40.5元

新空调硬卧上铺票价：46.0元

手续费：5.0元

合计：40.5 + 46.0 + 5.0 = 91.5（元）

除列车移动补票机故障外，手工填发代用票，见票例1-12。

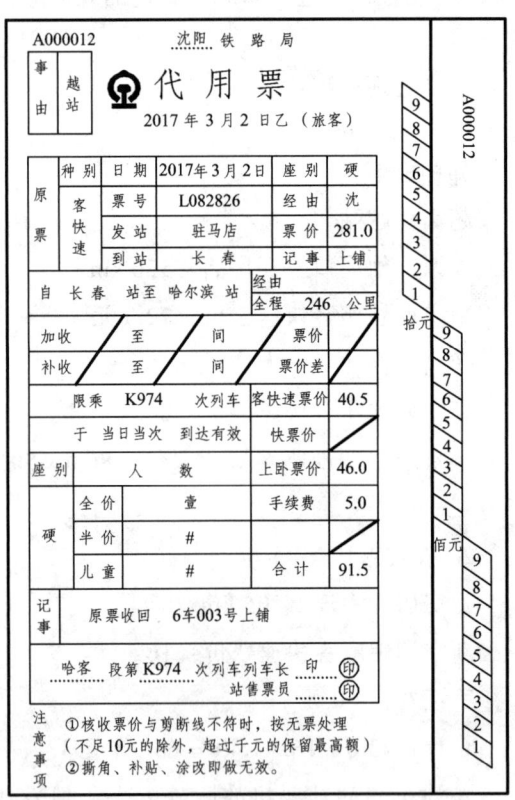

票例1-12

习题 3

一、处理依据：

1. 依据《铁路旅客运输办理细则》第三十四条规定，旅客在到站前要求越过到站继续旅行时，在列车有能力的情况下应予以办理。办理时核收越站区间的票价，不足起码里程时，按起码里程计算；旅客同时提出变更座别、铺别和越站时，应先办理越站，后办理变更，使用一张代用票，核收一次手续费。遇有下列情况不能办理越站：

（1）列车严重超员；

（2）乘坐卧铺的旅客买的是给中途站预留的卧铺；

（3）乘坐的回转车，途中需要甩车。

2. 依据《铁路旅客运输规程》第二十一条规定，中国人民解放军和中国人民武装警察部队因伤致残的军人凭"中华人民共和国残疾军人证"、因公致残的人民警察凭"中华人民共和国伤残人民警察证"购买优待票（以下简称残疾军人票）。

二、处理过程：

处理事由：越站

原票：兴城—长春 616 km

半价新空调硬座客快速票价：43.0 元

长春—南岔 600 km

新空调硬座客快速票价：81.0 元

半价新空调硬座客快速票价：

81.0 × 50% = 40.5（元）

手续费：2.0 元

合计：40.5 + 2.0 = 42.5（元）

除列车移动补票机故障外，手工填发代用票，见票例 1-13。

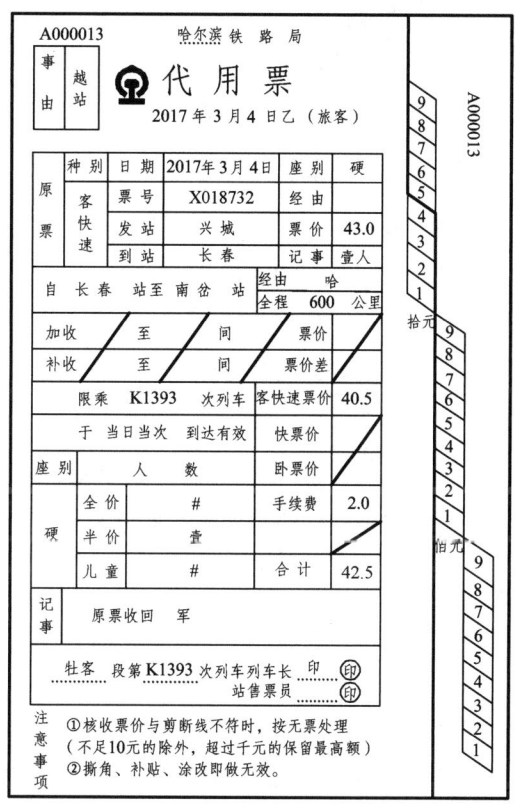

票例 1-13

## 【任务 D】补 卧

### 习题 1

一、处理依据：

1. 依据《铁路旅客运输规程》第三十五条规定，旅客办理中转签证或在列车上办理补签、变更席（铺）位时，签证或变更后的车次、席（铺）位票价高于原票价时，核收票价差额；签证或变更后的车次、席（铺）位票价低于原票价时，票价差额部分不予退还。

2. 依据《铁路旅客运输办理细则》第三十二条规定，旅客在列车上要求办理变更座位、铺位时，在列车有能力的情况下应当予以办理。需补收差价时，发售一张补价票，随同原票使用有效。

二、处理过程：

按分票种计算

处理事由：补卧

通辽—瓦房店　608 km

新空调硬卧票价　67.0 元

手续费：5.0 元

合计：67.0 + 5.0 = 72.0（元）

按联合票计算

处理事由：补卧

通辽—瓦房店　608 km

新空调硬座客快卧票价：148.0 元

新空调硬座客快速票价：81.0 元

新空调硬卧中铺票价：

148.0 − 81.0 = 67.0（元）

手续费：5.0 元

合计：67.0 + 5.0 = 72.0（元）

除列车移动补票机故障外，手工填发代用票，见票例 1-14。

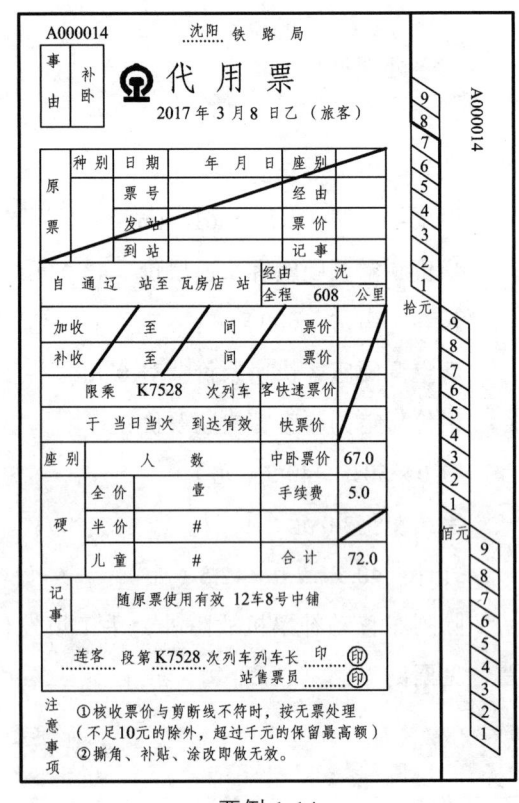

票例 1-14

## 习题 2

一、处理依据：

1. 依据《铁路旅客运输规程》第三十五条规定，旅客办理中转签证或在列车上办理补签、变更席（铺）位时，签证或变更后的车次、席（铺）位票价高于原票价时，核收票价差额；签证或变更后的车次、席（铺）位票价低于原票价时，票价差额部分不予退还。

2. 依据《铁路旅客运输办理细则》第三十二条规定，旅客在列车上要求办理变更座位、铺位时，在列车有能力的情况下应当予以办理。需补收差价时，发售一张补价票，随同原票使用有效。

3. 学生乘坐卧铺时，卧铺票购买全价。

二、处理过程：

按联合票计算

处理事由：补卧

锦州—长春　533 km

新空调硬座客快卧票价：142.0 元

新空调硬座客快速票价：75.0 元

新空调硬卧中铺票价：

142.0 − 75.0 = 67.0（元）

手续费：5.0 元

合计：67.0 + 5.0 = 72.0（元）

除列车移动补票机故障外，手工填发代用票，见票例 1-15。

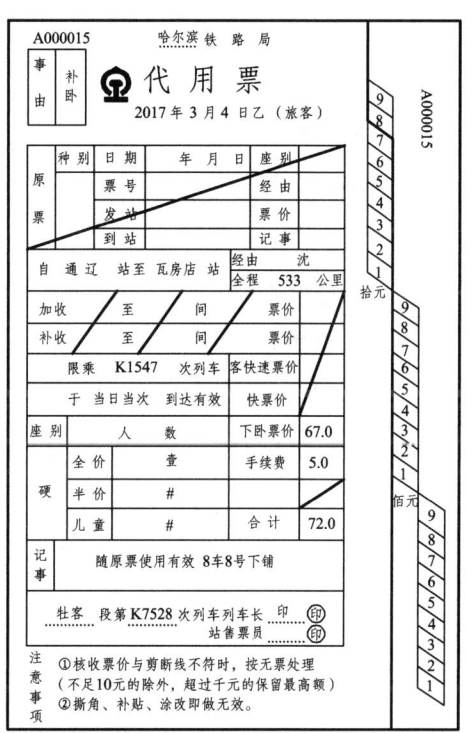

票例 1-15

## 习题 3

一、处理依据：

1. 依据《铁路旅客运输规程》第三十五条规定，旅客办理中转签证或在列车上办理补签、变更席（铺）位时，签证或变更后的车次、席（铺）位票价高于原票价时，核收票价差额；签证或变更后的车次、席（铺）位票价低于原票价时，票价差额部分不予退还。

2. 依据《铁路旅客运输办理细则》第三十二条规定，旅客在列车上要求办理变更座位、铺位时，在列车有能力的情况下应当予以办理。需补收差价时，发售一张补价票，随同原票使用有效。

3. 依据《铁路旅客运输规程》第二十一条规定，中国人民解放军和中国人民武装警察部队因伤致残的军人凭"中华人民共和国残疾军人证"、因公致残的人民警察凭"中华人民共和国伤残人民警察证"购买优待票（以下简称残疾军人票）。

二、处理过程：

按分票种计算

处理事由：补卧

菏泽—长春　1 595 km

新空调硬卧上铺票价：133.0 元

半价新空调硬卧票价：

133.0 × 50% = 66.5（元）

手续费：5.0 元

合计：66.5 + 5.0 = 71.5（元）

除列车移动补票机故障外，手工填发代用票，见票例 1-16。

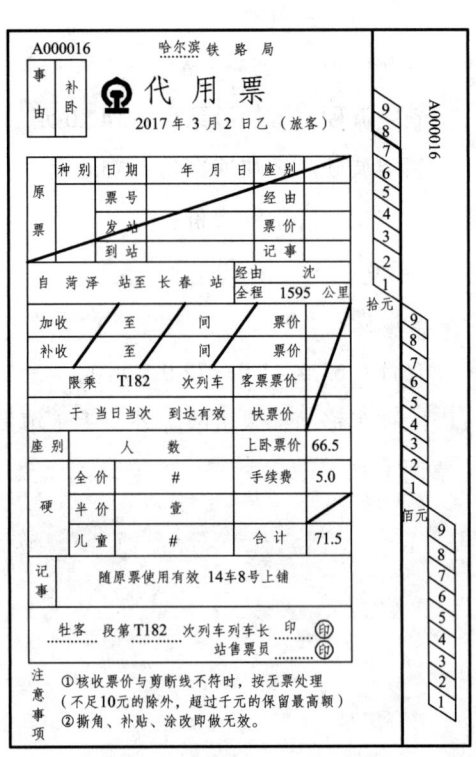

票例 1-16

【任务 E】变座、补卧

习题 1

一、处理依据：

1. 依据《铁路旅客运输规程》第三十五条规定，旅客办理中转签证或在列车上办理补签、变更席（铺）位时，签证或变更后的车次、席（铺）位票价高于原票价时，核收票价差额；签证或变更后的车次、席（铺）位票价低于原票价时，票价差额部分不予退还。

2. 依据《铁路旅客运输办理细则》第三十二条规定，旅客在列车上要求办理变更座位、铺位时，在列车有能力的情况下应当予以办理。需补收差价时，发售一张补价票，随同原票使用有效。

二、处理过程：

处理事由：变座、补卧

原票：公主岭—瓦房店　533 km

新空调硬座普快票价：66.0 元

铁岭—瓦房店　362 km

新空调软座票价：63.5 元

新空调硬座票价：33.5 元

软、硬座票价差：

63.5 – 33.5 = 30.0（元）

新空调软卧票价：69.0 元

手续费：5.0 元

合计：30.0 + 69.0 + 5.0 = 104.0（元）

除列车移动补票机故障外，手工填发代用票，见票例 1-17。

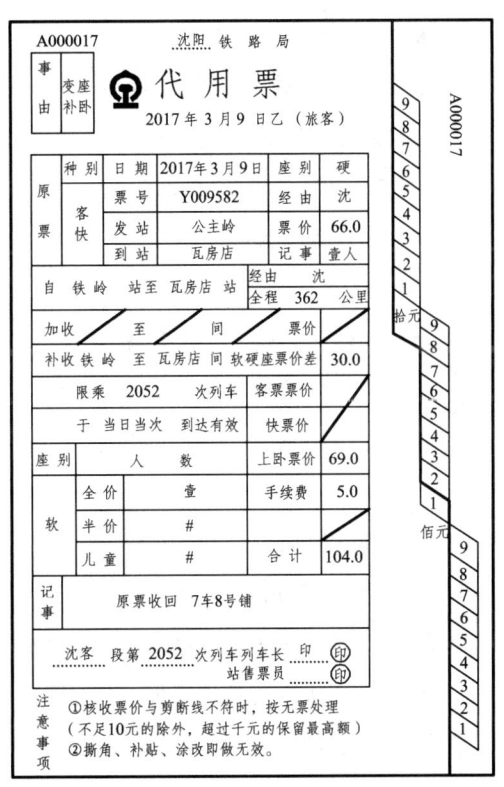

票例 1-17

习题 2

一、处理依据：

1. 依据《铁路旅客运输规程》第三十五条规定，旅客办理中转签证或在列车上办理补签、变更席（铺）位时，签证或变更后的车次、席（铺）位票价高于原票价时，核收票价差额；签证或变更后的车次、席（铺）位票价低于原票价时，票价差额部分不予退还。

2. 依据《铁路旅客运输办理细则》第三十二条规定，旅客在列车上要求办理变更座位、铺位时，在列车有能力的情况下应当予以办理。需补收差价时，发售一张补价票，随同原票使用有效。

二、处理过程：

处理事由：变座、补卧

原票：赣州—长春　2 881 km

半价新空调硬座客特快票价：

293.5 × 50% = 147.0（元）

天津—长春　1 025 km

全价新空调硬座客特快票价：135.5 元

半价新空调硬座客特快票价：

135.5 × 50% = 67.75 ≈ 68.0（元）

全、半价票价差：

135.5 − 68.0 = 67.5（元）

新空调软座票价：158.5 元

新空调硬座票价：81.5 元

软、硬座票价差：

158.5 − 81.5 = 77.0（元）

新空调软卧票价：165.0 元

手续费：5.0 元

合计：67.5 + 77.0 + 165.0 + 5.0 = 314.5（元）

除列车移动补票机故障外，手工填发代用票，见票例 1-18。

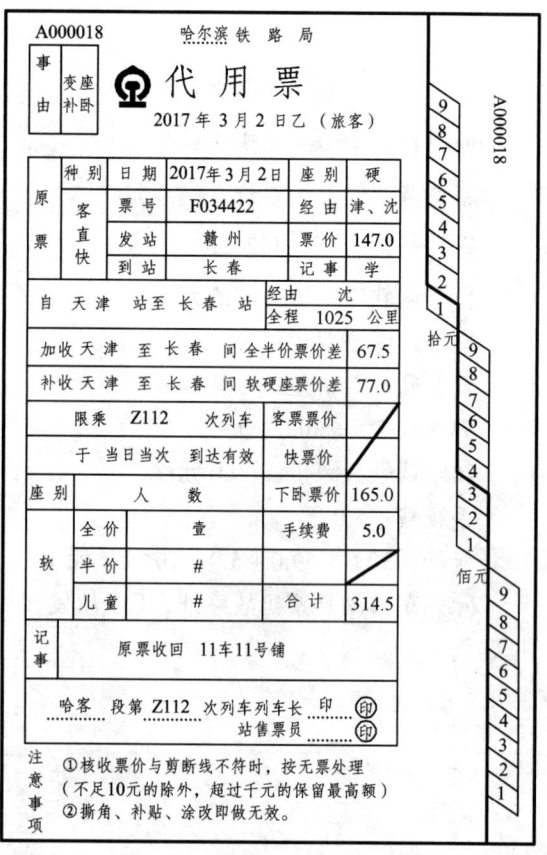

票例 1-18

## 习题 3

### 一、处理依据：

1. 依据《铁路旅客运输规程》第三十五条规定，旅客办理中转签证或在列车上办理补签、变更席（铺）位时，签证或变更后的车次、席（铺）位票价高于原票价时，核收票价差额；签证或变更后的车次、席（铺）位票价低于原票价时，票价差额部分不予退还。

2. 依据《铁路旅客运输办理细则》第三十二条规定，旅客在列车上要求办理变更座位、铺位时，在列车有能力的情况下应当予以办理。需补收差价时，发售一张补价票，随同原票使用有效。

3. 依据《铁路客运运价规则》第十六条规定，儿童票可享受客票、加快票和空调票的优惠，儿童票票价按相应客票和附加票票价的 50% 计算。免费乘车及持儿童票乘车的儿童单独使用卧铺时，应另收全价卧铺票价，有空调时还应另收半价空调票票价。

### 二、处理过程：

处理事由：变座、补卧

原票：阜新南—瓦房店　474 km

新空调硬座客快速票价：69.0 元

1. 成人变座、补卧

新立屯—瓦房店　413 km

新空调软座票价：71.5 元

新空调硬座票价：37.5 元

软、硬座票价差：

71.5 – 37.5 = 34.0（元）

新空调软卧下铺票价：78.0 元

2. 儿童补卧

新立屯—瓦房店　413 km

新空调软卧下铺票价：78.0 元

半价空调票：9.0 × 50% = 4.5（元）

手续费：10.0 元

合计：34.0 + 78.0 + 78.0 + 4.5 + 10.0 = 204.5（元）

除列车移动补票机故障外，手工填发代用票，见票例 1-19。

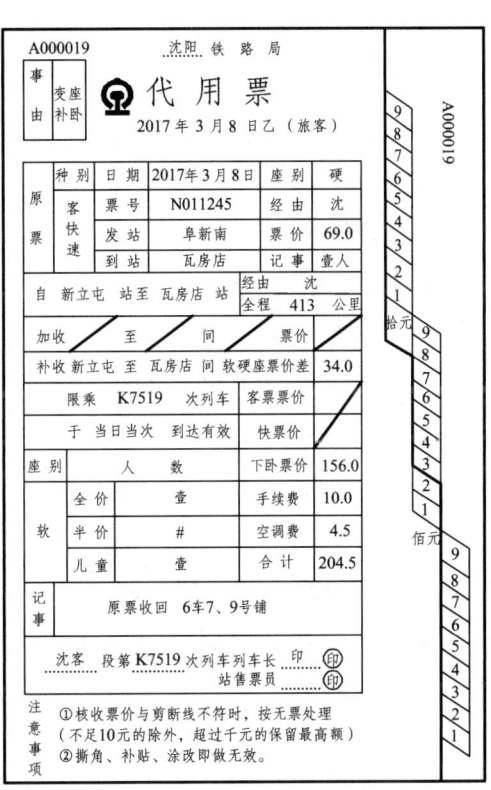

票例 1-19

# 【任务 F】越站、补卧

## 习题 1

一、处理依据：

1. 依据《铁路旅客运输办理细则》第三十四条规定，旅客同时提出变更座别、铺别和越站时，应先办理越站，后办理变更，使用一张代用票，核收一次手续费。

2. 依据《铁路旅客运输办理细则》第三十二条规定，旅客在列车上要求办理变更座位、铺位时，在列车有能力的情况下应当予以办理。需补收差价时，发售一张补价票，随同原票使用有效。

二、处理过程：

按分票种计算

处理事由：越站、补卧

原票：昌图—普兰店　454 km

新空调硬座普快票价　56.5 元

越站：普兰店—大连　78 km

新空调硬座票价：6.5 元

普速加快票价：2.0 元

空调票价：2.0 元

小计：6.5 + 2.0 + 2.0 = 10.5（元）

补卧：昌图—大连　532 km

新空调硬卧下铺票价：67.0 元

手续费：5.0 元

合计：10.5 + 67.0 + 5.0 = 82.5（元）

除列车移动补票机故障外，手工填发代用票，见票例 1-20。

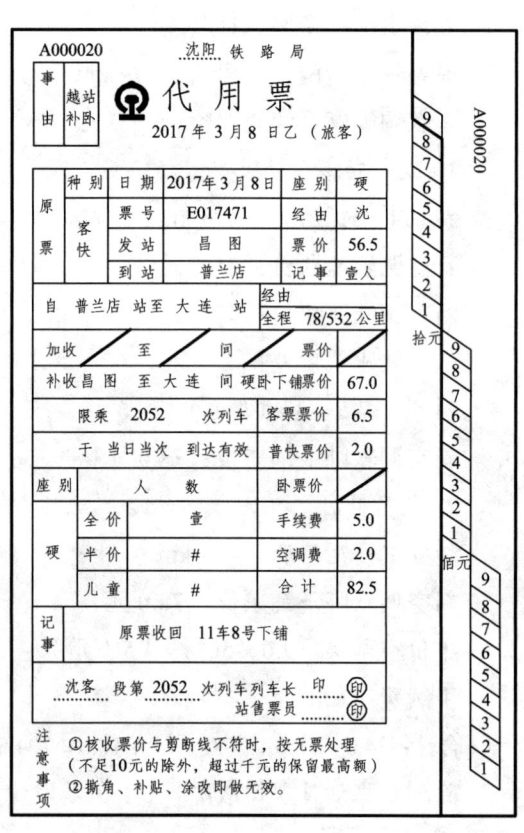

票例 1-20

## 习题 2

一、处理依据：

1. 依据《铁路旅客运输办理细则》第三十四条规定，旅客同时提出变更座别、铺别和越站时，应先办理越站，后办理变更，使用一张代用票，核收一次手续费。

2. 依据《铁路旅客运输办理细则》第三十二条规定，旅客在列车上要求办理变更座位、铺位时，在列车有能力的情况下应当予以办理。需补收差价时，发售一张补价票，随同原票使用有效。

二、处理过程：

按联合票计算

处理事由：越站、补卧

原票：葫芦岛—长春　583 km

半价新空调硬座客特快票价：

$81.0 \times 50\% = 40.5$（元）

越站：长春—扶余　144 km

新空调硬座客特快票价：23.5 元

补卧：沈阳北—扶余　444 km

新空调硬卧中铺票价：55.0 元

手续费：5.0 元

合计：23.5 + 55.0 + 5.0 = 83.5（元）

除列车移动补票机故障外，手工填发代用票，见票例 1-21。

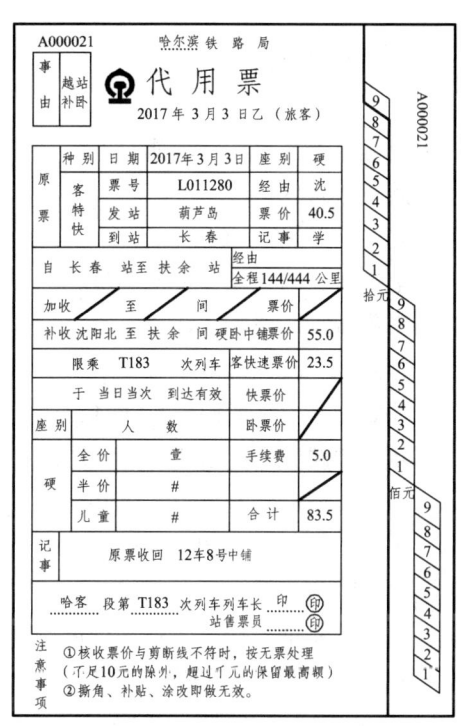

票例 1-21

习题 3

一、处理依据：

1. 依据《铁路旅客运输办理细则》第三十四条规定，旅客同时提出变更座别、铺别和越站时，应先办理越站，后办理变更，使用一张代用票，核收一次手续费。

2. 依据《铁路旅客运输办理细则》第三十二条规定，旅客在列车上要求办理变更座位、铺位时，在列车有能力的情况下应当予以办理。需补收差价时，发售一张补价票，随同原票使用有效。

3. 依据《铁路旅客运输办理细则》第十七条规定，随同成人旅行身高 1.2～1.5 m 的儿童，应当购买儿童票。

二、处理过程：

处理事由：超高、越战、补卧
儿童超高、补卧
北京—图们　1 691 km
全价新空调硬座客快速票价：198.0 元
半价新空调硬座客快速票价：
198.0 × 50% = 99.0（元）
补卧：唐山—图们　1 431 km
新空调硬卧中铺票价：133.0 元
手续费：5.0 元
小计：99.0 + 133.0 + 5.0 = 237.0（元）
成人越站、补卧
原票：北京—吉林　1 290 km
新空调硬座客快速票价：156.5 元
越站：吉林—图们　401 km
新空调硬座客快速票价：62.5 元
补卧：唐山—图们　1 431 km
新空调硬卧中铺票价：133.0 元
手续费：5.0 元
小计：62.5 + 133.0 + 5.0 = 200.5（元）
共计：200.5 + 237.0 = 437.5（元）
除列车移动补票机故障外，手工填发代用票，见票例 1-22。

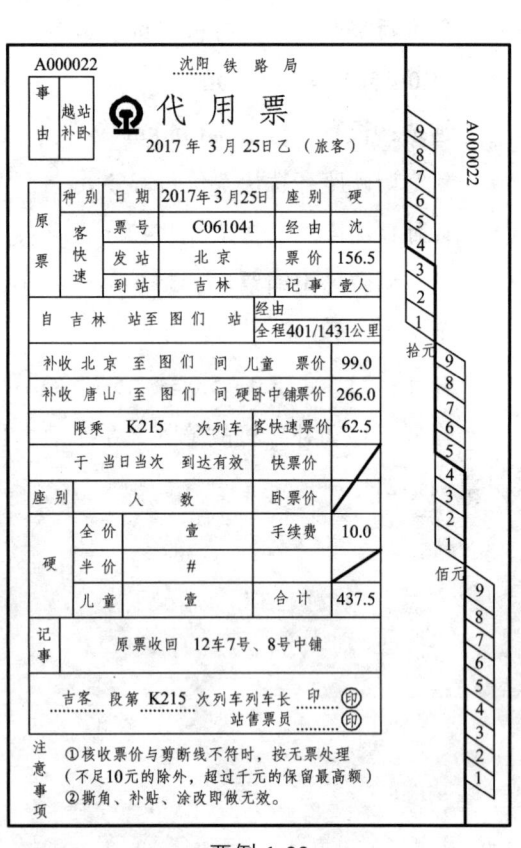

票例 1-22

## 【任务 G】越站、变座、补卧

### 习题 1

一、处理依据：

1. 依据《铁路旅客运输办理细则》第三十四条规定，旅客同时提出变更座别、铺别和越站时，应先办理越站，后办理变更，使用一张代用票，核收一次手续费。

2. 依据《铁路旅客运输办理细则》第三十二条规定，旅客在列车上要求办理变更座位、铺位时，在列车有能力的情况下应当予以办理。需补收差价时，发售一张补价票，随同原票使用有效。

二、处理过程：

1. 处理事由：越站、变座、补卧

原票：唐山—天津　123 km

新空调硬座客快速票价：19.5 元

越站：天津—北京　137 km

新空调硬座客快速票价：21.5 元

变座、补卧：唐山—北京　260 km

软座票价：44.5 元

硬座票价：24.5 元

软、硬座票价差：

44.5 – 24.5 = 20.0（元）

新空调软卧下铺票价：75.0 元

手续费：5.0 元

小计：21.5 + 20.0 + 75.0 + 5.0 = 121.5（元）

除列车移动补票机故障外，手工填发代用票，见票例 1-23。

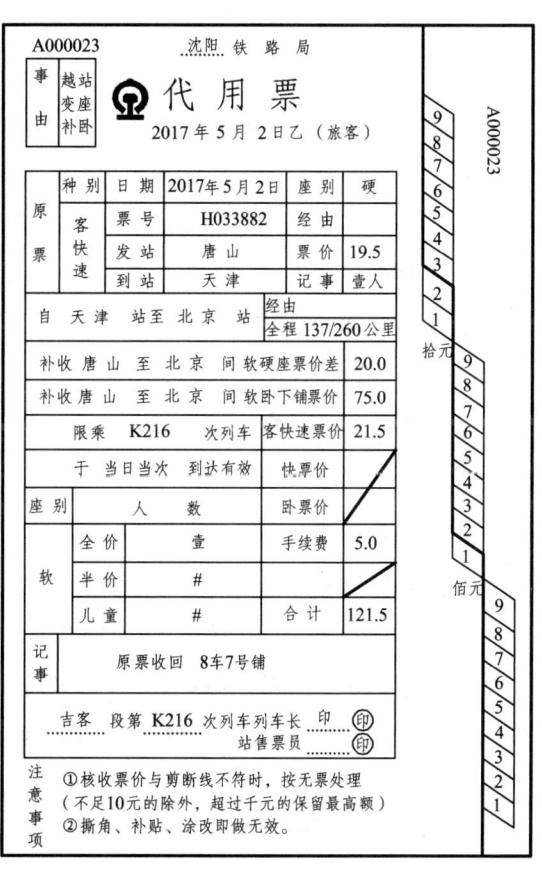

票例 1-23

习题 2

一、处理依据：

1. 依据《铁路旅客运输办理细则》第三十四条规定，旅客同时提出变更座别、铺别和越站时，应先办理越站，后办理变更，使用一张代用票，核收一次手续费。

2. 依据《铁路旅客运输办理细则》第三十二条规定，旅客在列车上要求办理变更座位、铺位时，在列车有能力的情况下应当予以办理。需补收差价时，发售一张补价票，随同原票使用有效。

3. 依据《铁路客运运价规则》第十六条规定，儿童票可享受客票、加快票和空调票的优惠，儿童票票价按相应客票和附加票票价的 50% 计算。免费乘车及持儿童票乘车的儿童单独使用卧铺时，应另收全价卧铺票价，有空调时还应另收半价空调票票价。

二、处理过程：

处理事由：超高、越站、变座、补卧
原票：金州—盖州　177 km
新空调硬座客快速票价：28.5 元
儿童超高、变座
金州—吉林　810 km
全价新空调硬座客快速票价：105.0 元
半价新空调硬座客快速票价：105.0 × 50% = 52.5（元）
2 人票价：52.5 × 2 = 105.0（元）
变座：瓦房店—吉林　738 km
全价新空调软座客快速票价：154.0 元
半价新空调软座客快速票价：154.0 × 50% = 77.0（元）
全价新空调硬座客快速票价：98.0 元
半价新空调硬座客快速票价：98.0 × 50% = 49.0（元）
软、硬座票价差：77.0 − 49.0 = 28.0（元）
2 人票价：28.0 × 2 = 56.0（元）
越站、变座、补卧
越站：盖州—吉林　633 km

新空调硬座客快速票价：86.0 元

变座、补卧：瓦房店—吉林　738 km

软座票价：116.0 元

硬座票价：60.0 元

软、硬座票价差：116.0 – 60.0 = 56.0（元）

新空调软卧上铺票价：109.0 元

新空调软卧下铺票价：121.0 元

手续费：12.0 元

小计：105.0 + 56.0 + 86.0 + 56.0 + 109.0 + 121.0 + 12.0 = 545.0（元）

除列车移动补票机故障外，手工填发代用票，见票例 1-24、1-25。

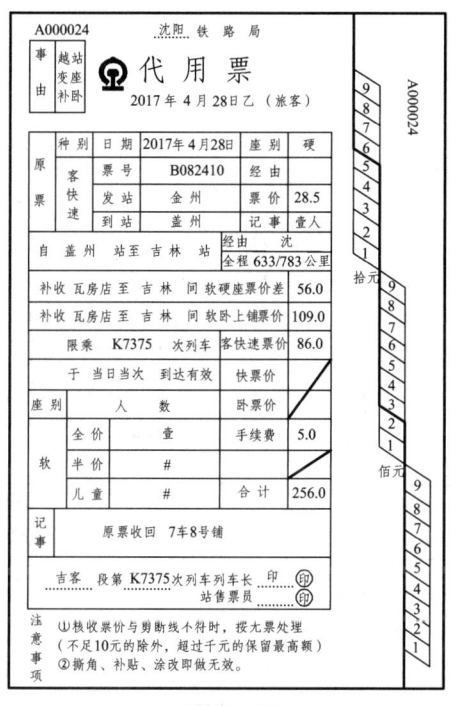

票例 1-24

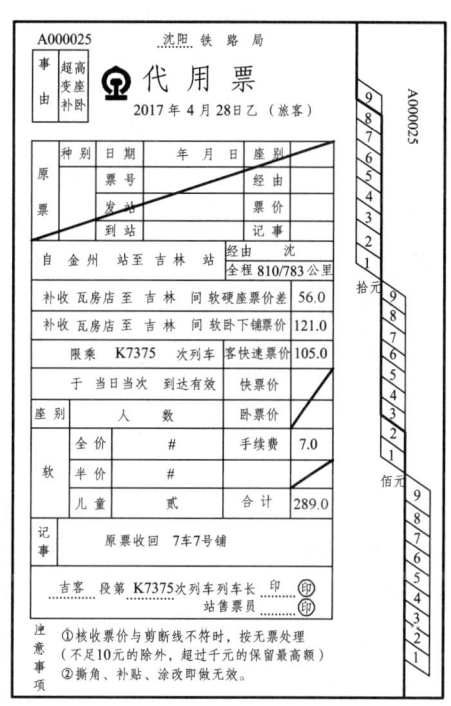

票例 1-25

习题 3

一、处理依据：

1. 依据《铁路旅客运输办理细则》第三十四条规定，旅客同时提出变更座别、铺别和越站时，应先办理越站，后办理变更，使用一张代用票，核收一次手续费。

2. 依据《铁路旅客运输办理细则》第三十二条规定，旅客在列车上要求办理变更座位、铺位时，在列车有能力的情况下应当予以办理。需补收差价时，发售一张补价票，随同原票使用有效。

3. 依据《铁路旅客运输办理细则》第十七条规定，超过减价优待证上记载的区间乘车时，对超过区间按一般旅客办理，核收全价。

二、处理过程：

处理事由：越站、变座、补卧

原票：淄博—长春　1 485 km

半价新空调硬座客快速票价：89.0 元

越站：长春—哈尔滨　246 km

新空调硬座客快速票价：40.5 元

变座、补卧：天津—长春　1 018 km

全价新空调硬座客快速票价：128.5 元

半价新空调硬座客快速票价：

$128.5 \times 50\% = 64.25 \approx 64.5$（元）

全、半价票价差：

$128.5 - 64.5 = 64.0$（元）

天津—哈尔滨　1 264 km

新空调软座客快速票价：248.5 元

新空调硬座客快速票价：156.5 元

软、硬座票价差：

$248.5 - 156.5 = 92.0$（元）

新空调软卧下铺票价：192.0 元

手续费：5.0 元

合计：$40.5 + 64.0 + 92.0 + 192.0 + 5.0 = 393.5$（元）

除列车移动补票机故障外，手工填发代用票，见票例 1-26。

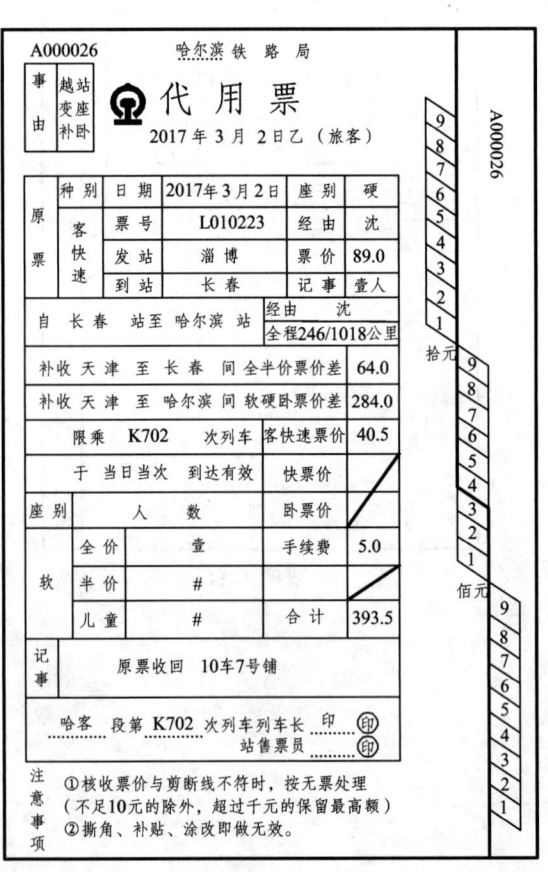

票例 1-26

## 习题 4

一、处理依据：

1. 依据《铁路旅客运输办理细则》第三十四条规定，旅客同时提出变更座别、铺别和越站时，应先办理越站，后办理变更，使用一张代用票，核收一次手续费。

2. 依据《铁路旅客运输办理细则》第三十二条规定，旅客在列车上要求办理变更座位、铺位时，在列车有能力的情况下应当予以办理。需补收差价时，发售一张补价票，随同原票使用有效。

3. 依据《铁路旅客运输规程》第二十一条规定，中国人民解放军和中国人民武装警察部队因伤致残的军人凭"中华人民共和国残疾军人证"、因公致残的人民警察凭"中华人民共和国伤残人民警察证"购买优待票（以下简称残疾军人票）。

二、处理过程：

处理事由：越站、变座、补卧

原票：佳木斯—长春　753 km

半价新空调硬座客快速票价：51.0 元

越站：长春—秦皇岛　745 km

全价新空调硬座客快速票价：102.0 元

半价新空调硬座客快速票价：

102.0 × 50% = 51.0（元）

变座、补卧：带岭—秦皇岛　1 303 km

半价新空调软座客快速票价：

258.5 × 50% = 129.25 ≈ 129.5（元）

半价新空调硬座客快速票价：

163.5 × 50% = 81.75 ≈ 82.0（元）

软、硬座票价差：

129.5 – 82.0 = 47.5（元）

新空调软卧下铺票价：

180.0 × 50% = 90.0（元）

手续费：5.0 元

合计：51.0 + 47.5 + 90.0 + 5.0 = 193.5（元）

除列车移动补票机故障外，手工填发代用票，见票例 1-27。

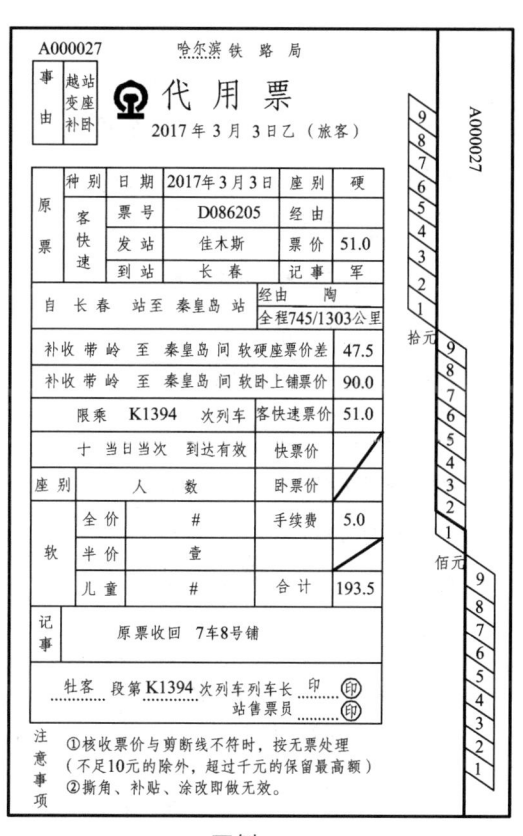

票例 1-27

# 【任务 H】变　铺

## 习题 1

一、处理依据：

1. 依据《铁路旅客运输规程》第三十五条规定，旅客办理中转签证或在列车上办理补签、变更席（铺）位时，签证或变更后的车次、席（铺）位票价高于原票价时，核收票价差额；签证或变更后的车次、席（铺）位票价低于原票价时，票价差额部分不予退还。

2. 依据《铁路旅客运输办理细则》第三十二条规定，旅客在列车上要求办理变更座位、铺位时，在列车有能力的情况下应当予以办理。需补收差价时，发售一张补价票，随同原票使用有效。

二、处理过程：

处理事由：变铺

原票：北京—吉林　1 131 km

新空调硬卧中铺票价：252.5元

变铺：北京—吉林　1 131 km

新空调软座票价：169.5元

新空调硬座票价：86.5元

软、硬座票价差：

169.5 – 86.5 = 83.0（元）

新空调软卧下铺票价：174.0元

新空调硬卧中铺票价：157.0元

软、硬卧票价差：

174.0 – 111.0 = 63.0（元）

手续费：2.0元

合计：　83.0 + 63.0 + 2.0 = 148.0（元）

除列车移动补票机故障外，手工填发代用票，见票例1-28。

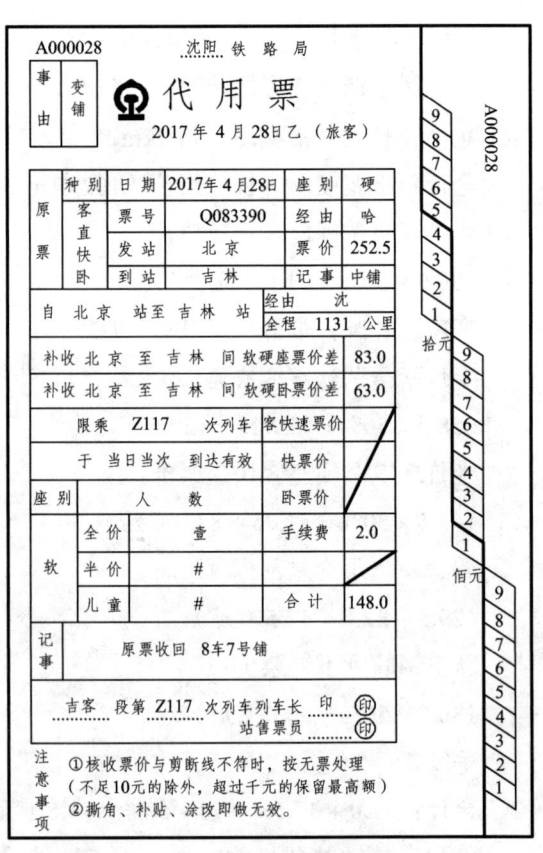

票例1-28

习题 3

一、处理依据：

1. 依据《铁路旅客运输规程》第三十五条规定，旅客办理中转签证或在列车上办理补签、变更席（铺）位时，签证或变更后的车次、席（铺）位票价高于原票价时，核收票价差额；签证或变更后的车次、席（铺）位票价低于原票价时，票价差额部分不予退还。

2. 依据《铁路旅客运输办理细则》第三十二条规定，旅客在列车上要求办理变更座位、铺位时，在列车有能力的情况下应当予以办理。需补收差价时，发售一张补价票，随同原票使用有效。

二、处理过程：

处理事由：变铺

原票：淄博—抚顺北　1 254 km

新空调硬座客快速卧中铺票价：279.5 元

变铺：淄博—抚顺北　1 254 km

新空调硬卧下铺票价：132.0 元

新空调硬卧中铺票价：123.0 元

差额：132.0 – 123.0 = 9.0（元）

2 人票价：9.0 × 2 = 18.0（元）

手续费：4.0 元

合计：18.0 + 4.0 = 22.0（元）

除列车移动补票机故障外，手工填发代用票，见票例 1-29。

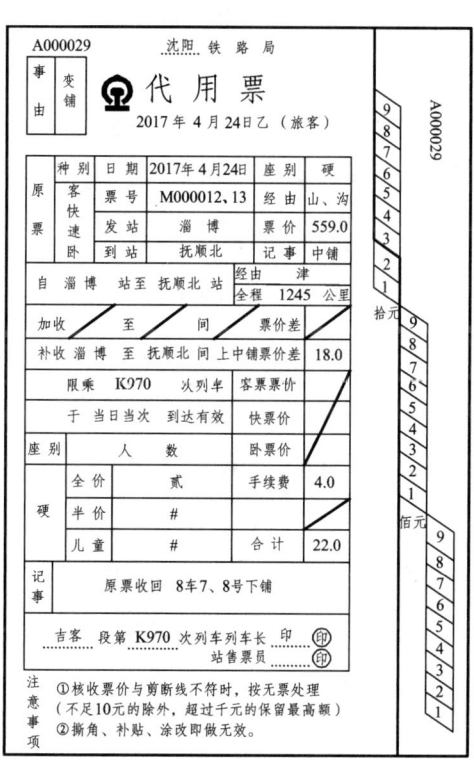

票例 1-29

## 习题 3

**一、处理依据：**

1. 依据《铁路旅客运输规程》第三十五条规定，旅客办理中转签证或在列车上办理补签、变更席（铺）位时，签证或变更后的车次、席（铺）位票价高于原票价时，核收票价差额；签证或变更后的车次、席（铺）位票价低于原票价时，票价差额部分不予退还。

2. 依据《铁路旅客运输办理细则》第三十二条规定，旅客在列车上要求办理变更座位、铺位时，在列车有能力的情况下应当予以办理。需补收差价时，发售一张补价票，随同原票使用有效。

**二、处理过程：**

处理事由：变铺

原票：锦州—吉林　661 km

新空调硬座快客速卧下铺票价：169.0 元

变铺：大虎山—吉林　555 km

新空调软座票价：93.0 元

新空调硬座票价：48.0 元

差额：93.0 - 48.0 = 45.0（元）

新空调软卧下铺票价：100.0 元

新空调硬卧下铺票价：70.0 元

差额：100.0 - 70.0 = 30.0（元）

手续费：2.0 元

合计：45.0 + 30.0 + 2.0 = 77.0（元）

除列车移动补票机故障外，手工填发代用票，见票例 1-30。

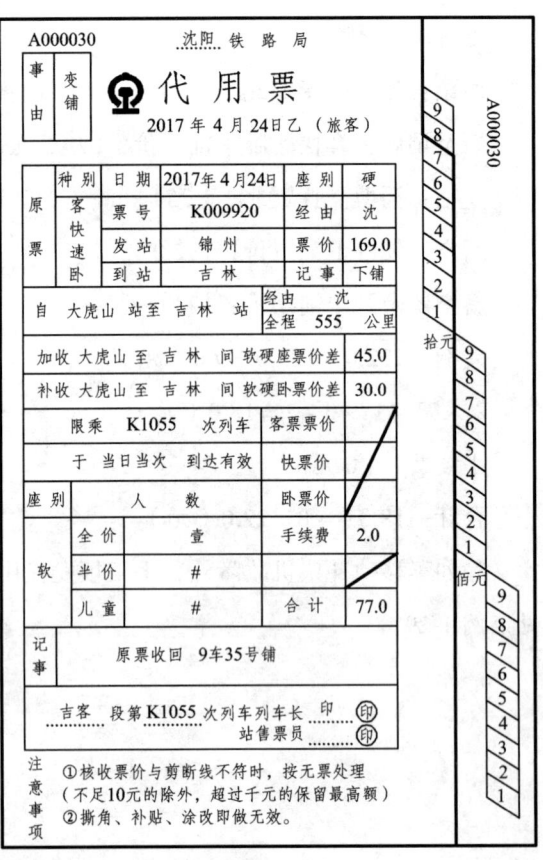

票例 1-30

习题 4

一、处理依据：

1. 依据《铁路旅客运输规程》第三十五条规定，旅客办理中转签证或在列车上办理补签、变更席（铺）位时，签证或变更后的车次、席（铺）位票价高于原票价时，核收票价差额；签证或变更后的车次、席（铺）位票价低于原票价时，票价差额部分不予退还。

2. 依据《铁路旅客运输办理细则》第三十二条规定，旅客在列车上要求办理变更座位、铺位时，在列车有能力的情况下应当予以办理。需补收差价时，发售一张补价票，随同原票使用有效。

3. 依据《铁路客运运价规则》第十七条规定，学生票可享受硬座客票、加快票和空调票的优惠，学生票票价按相应客票和附加票票价的 50% 计算。

二、处理过程：

处理事由：变铺

原票：昌黎—长春　754 km

半价新空调硬座客快速票价：51.0 元

新空调硬卧下票价：88.0 元

小计：51.0 + 88.0 = 139.0（元）

变铺：昌黎—长春　754 km

全价新空调硬座客快速票价：102.0 元

半价新空调硬座客快速票价：51.0 元

全、半价票价差：

102.0 – 51.0 = 51.0（元）

新空调软座票价：120.0 元

新空调硬座票价：63.0 元

差额：120.0 – 63.0 = 57.0（元）

新空调软卧下铺票价：115.0 元

新空调硬卧下票价：88.0 元

差额：115.0 – 88.0 = 27.0（元）

手续费：2.0 元

合计：51.0 + 57.0 + 27.0 + 2.0 = 137.0（元）

除列车移动补票机故障外，手工填发代用票，见票例 1-31。

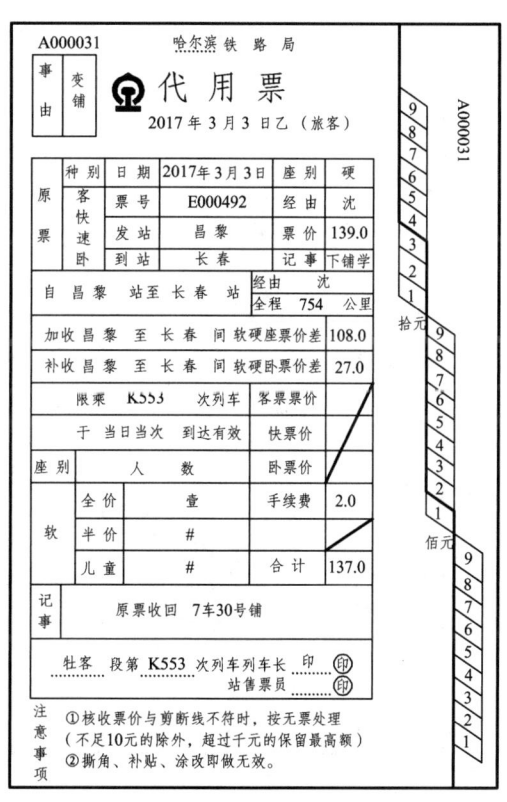

票例 1-31

# 【任务 I】分乘、越站、补卧

## 习题 1

一、处理依据：

依据《铁路旅客运输规程》第三十九条规定，两名以上旅客共持一张代用票要求办理分票手续时，站、车应予以办理。办理时按分票的张数核收手续费。

二、处理过程：

处理事由：分乘

原票：沈阳北—北京　826 km

新空调硬座快速票价：224.0 元

分乘：

填发第一张代用票 A000032，见票例 1-32。

原票照抄，人数栏填写壹人，记事栏内注明：原票收回，与代用票 A000033 号分乘，壹人票价 112.0 元，核收手续费 2.0 元。

填发第二张代用票 A000033，见票例 1-33。

原票栏填写原票的种别、日期、号码，其他划斜线取消，人数栏填写壹人，记事栏内注明：原票附在 A000032 报告页上，壹人票价 112.0 元，核收手续费 2.0 元。

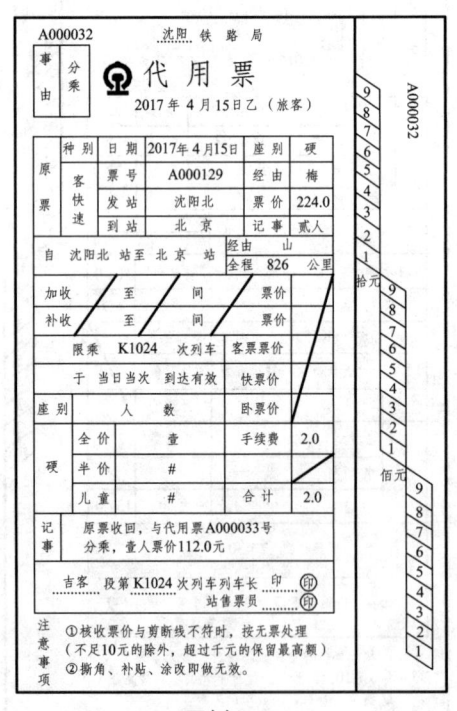

票例 1-32

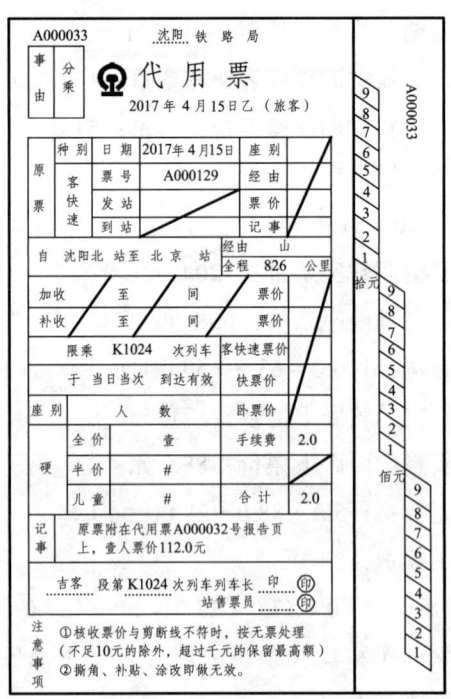

票例 1-33

## 习题 2

一、处理依据：

1. 依据《铁路旅客运输规程》第三十五条规定，二人以上旅客使用一张代用票，要求分开乘车时，应收回原票，换发代用票。分乘与旅行变更同时发生时，按变更人数核收一次手续费。

2. 依据《铁路旅客运输规程》第三十八条规定，旅客在车票到站前要求越过到站继续乘车时，在有运输能力的情况下列车应予以办理。核收越站区间的票价和手续费。

二、处理过程：

处理事由：分乘、越站

原票：公主岭—长春　62 km

新空调硬座客快速票价：37.5 元

分乘：

填发第一张代用票 A000034，见票例 1-34。

事由栏填写"分乘"，原票照抄，人数栏填写壹人，记事栏内注明：原票收回，与代用票 A000035 号分乘，壹人票价 12.5 元，核收手续费 2.0 元。

分乘、越站

填发第二张代用票 A000035，见票例 1-35。

越站：长春—哈尔滨 246 km

新空调硬座客快速票价：40.5 元

2 人票价：40.5 × 2 = 81.0（元）

手续费 4.0 元。

合计：81.0 + 4.0 = 85.0 元

事由栏填写分乘、越站，原票栏填写原票的种别、日期、号码，其他划斜线取消，人数栏填写贰人，记事栏内注明：原票附在 A000034 报告页上，贰人票价 25.0 元。

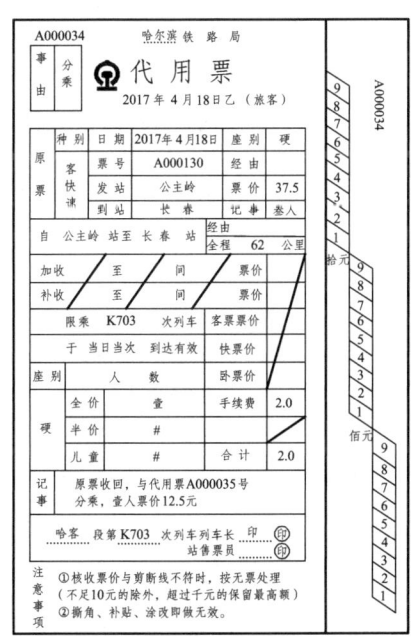

票例 1-34

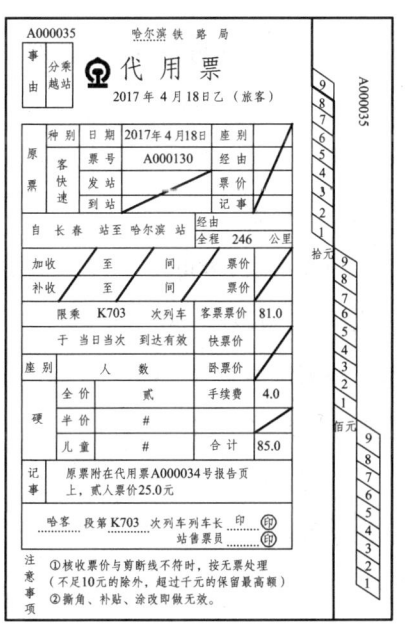

票例 1-35

## 习题 3

一、处理依据：

1. 依据《铁路旅客运输规程》第三十五条规定，二人以上旅客使用一张代用票，要求分开乘车时，应收回原票，换发代用票。分乘与旅行变更同时发生时，按变更人数核收一次手续费。

2. 依据《铁路旅客运输规程》第三十八条规定，旅客在车票到站前要求越过到站继续乘车时，在有运输能力的情况下列车应予以办理。核收越站区间的票价和手续费。

3. 依据《铁路旅客运输规程》第三十五条规定，旅客办理中转签证或在列车上办理补签、变更席（铺）位时，签证或变更后的车次、席（铺）位票价高于原票价时，核收票价差额；签证或变更后的车次、席（铺）位票价低于原票价时，票价差额部分不予退还。

二、处理过程：

处理事由：分乘、越站、补卧

原票：锦州—沈阳北　233 km

新空调硬座客快速票价：112.5 元

分乘：

填发第一张代用票 A000036，见票例 1-36。

事由栏填写"分乘"，原票照抄，人数栏填写壹人，记事栏内注明：原票收回，与代用票 A000037 号分乘，壹人票价 37.5 元，核收手续费 2.0 元。

分乘、越站、补卧

填发第二张代用票 A000037，见票例 1-37。

越站：沈阳北—长春　300 km

新空调硬座客快速票价：43.5 元

2 人票价：43.5 × 2 = 87.0（元）

大虎山—长春　427 km

硬卧下铺票价：55.0 元

2 人票价：58.0 × 2 = 110.0（元）

手续费：10.0 元。

合计：87.0 + 110.0 + 10.0 = 207.0（元）

事由栏填写"分乘、越站、补卧"，原票栏填写原票的种别、日期、号码，其他划斜线取消，人数栏填写贰人，记事栏内注明：原票附在 A000036 报告页上，贰人票价 75.0 元。

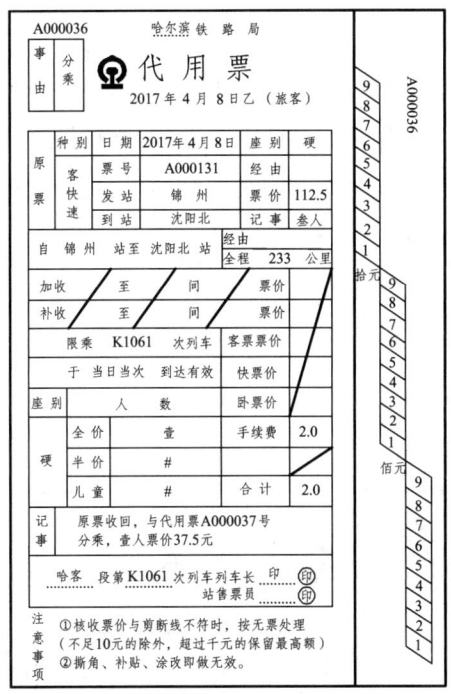

票例 1-36

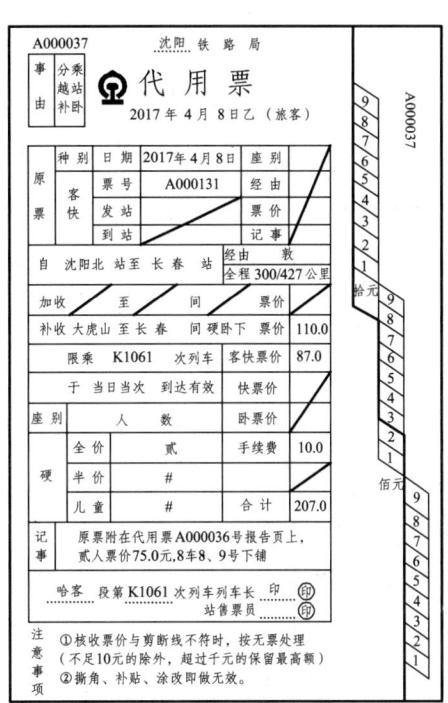

票例 1-37

## 【任务 J】误售、误购

## 习题 1

一、处理依据：

依据《铁路旅客运输规程》第四十条规定，发生车票误售、误购时，在发站应换发新票。在中途站、原票到站或列车内应补收票价时，换发代用票，补收票价差额。应退还票价时，站、车应编制客运记录交旅客，作为乘车至正当到站要求退还票价差额的凭证，并应以最方便的列车将旅客运送至正当到站，均不收取手续费或退票费。

二、处理过程：

处理事由：误购

太原—沧州　524 km

新空调硬座客快速票价：75.0 元

太原—常州　1 332 km

新空调硬座客快速票价：163.5 元

差额：163.5 – 75.0 = 88.5（元）

不收手续费

合计：88.5 元

列车填发代用票，见票例 1-38。

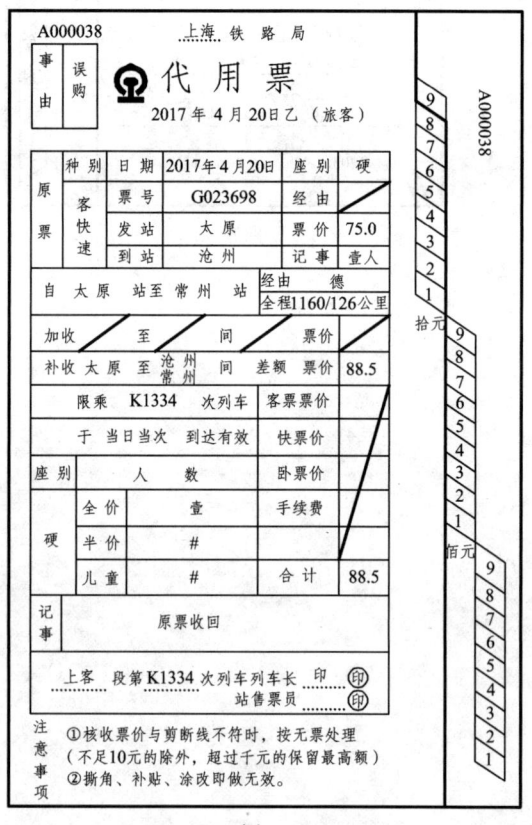

票例 1-38

**习题 2**

一、处理依据：

依据《铁路旅客运输规程》第四十条规定，发生车票误售、误购时，在发站应换发新票。在中途站、原票到站或列车内应补收票价时，换发代用票，补收票价差额。应退还票价时，站、车应编制客运记录交旅客，作为乘车至正当到站要求退还票价差额的凭证，并应以最方便的列车将旅客运送至正当到站，均不收取手续费或退票费。

二、处理过程：

处理事由：误购

保定—莱阳　848 km

硬座客快票价：54.0 元

保定—耒阳　1 690 km

硬座客快票价：96.0 元

差额：96.0 − 54.0 = 42.0（元）

保定—耒阳　1 690 km

硬座客快票价：96.0 元

新空调硬座客快速票价：198.0 元

差额：198.0 − 96.0 = 102.0（元）

合计：42.0 + 102.0 = 144.0（元）

**不收手续费**

列车填发代用票，见票例 1-39。

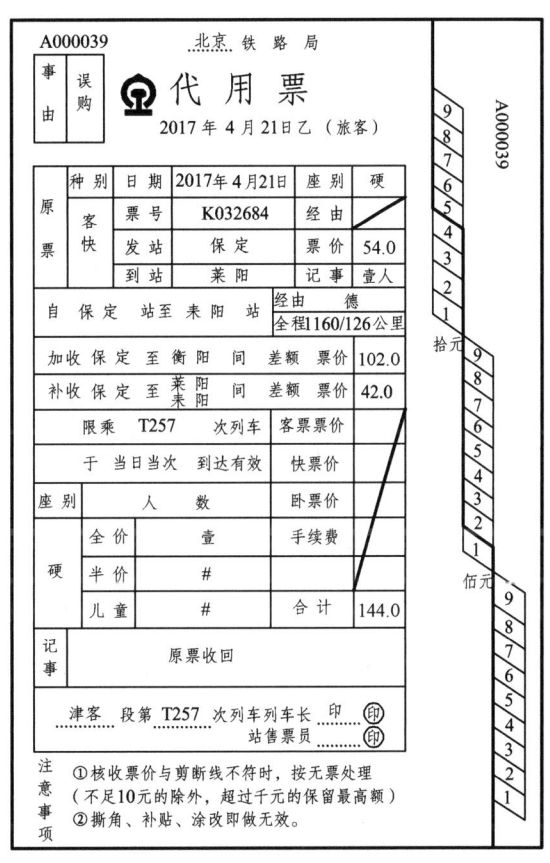

票例 1-39

习题 3

一、处理依据：

依据《铁路旅客运输办理细则》第三十七条规定，旅客因误售、误购、误乘或坐过了站需送回时，列车长应编制客运记录交前方停车站。车站应在车票背面注明"误乘"并加盖站名戳，指定最近列车免费返回。在免费送回区间，站车均应告之旅客不得自行中途下车。如中途下车，对往返乘车的免费区间，按返程所乘列车等级分别核收往返区间的票价，核收一次手续费。

二、处理过程：

处理事由：免费送回区间中途下车

往程：宝鸡—阳平关　271 km

硬座票价：17.5 元

返程：阳平关—略阳　56 km

硬座票价：3.0 元

手续费：2.0 元

合计：17.5 + 3.0 + 2.0 = 22.5（元）

列车填发代用票，见票例 1-40。

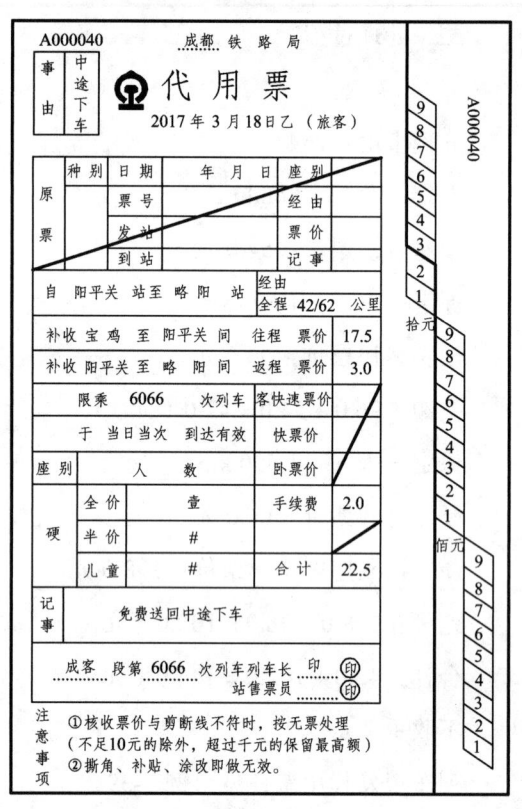

票例 1-40

# 习题 4

## 一、处理依据：

依据《铁路旅客运输办理细则》第三十七条规定，旅客因误售、误购、误乘或坐过了站需送回时，列车长应编制客运记录交前方停车站。车站应在车票背面注明"误乘"并加盖站名戳，指定最近列车免费返回。在免费送回区间，站车均应告之旅客不得自行中途下车。如中途下车，对往返乘车的免费区间，按返程所乘列车等级分别核收往返区间的票价，核收一次手续费。

## 二、处理过程：

处理事由：儿童超高、免费送回区间中途下车

1. K386 次列车处理儿童超高和编制客运记录将旅客移交衡水站

太原—石家庄　231 km

全价新空调硬座客快速票价：37.5元

半价新空调硬座客快速票价：

$37.5 \times 50\% = 18.75 \approx 19.0$（元）

手续费：2.0元

合计：19.0 + 2.0 = 21.0（元）

除列车移动补票机故障外，手工填发代用票，见票例 1-41。

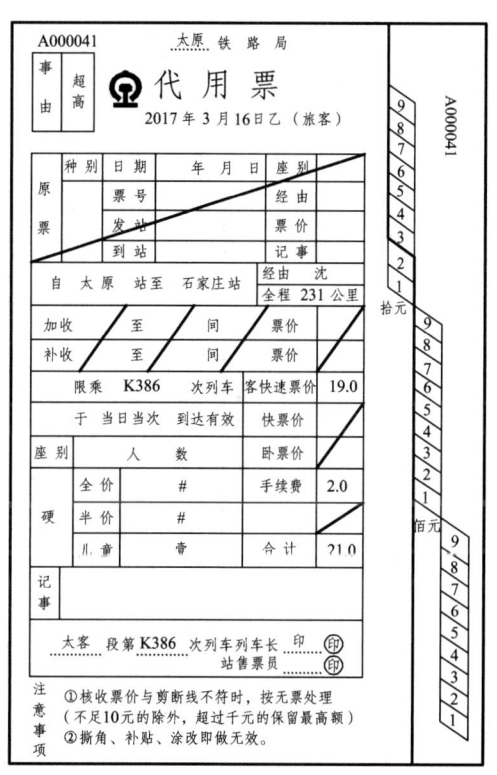

票例 1-41

2. 免费送回区间中途下车

往程：石家庄—衡水　118 km

全价新空调硬座客快速票价：18.5元

半价新空调硬座客快速票价：

$18.5 \times 50\% = 9.25 \approx 9.5$（元）

返程：衡水—辛集　47 km

全价新空调硬座客快速票价：11.0元

半价新空调硬座客快速票价：$11.0 \times 50\% = 5.5$（元）

手续费：4.0元

合计：$18.5 + 9.5 + 11.0 + 5.5 + 4.0 = 48.5$（元）

列车填发代用票见票例1-42。

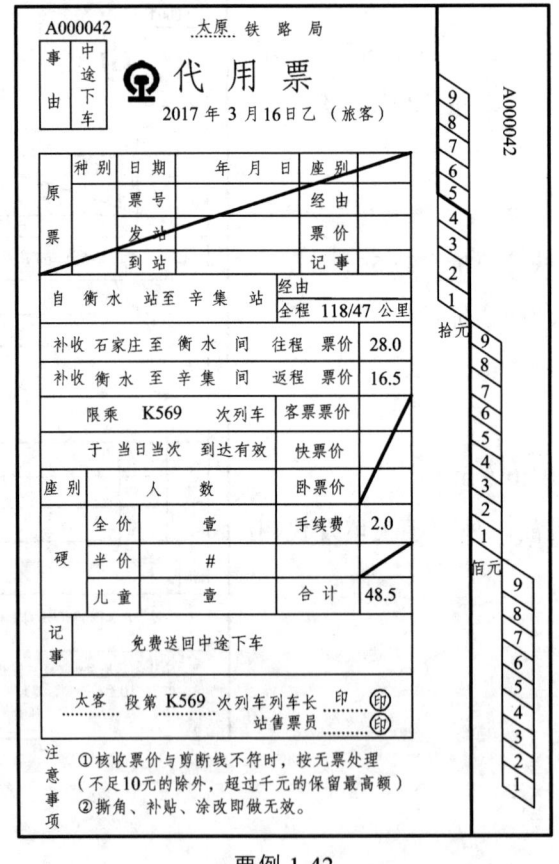

票例1-42

## 【任务 K】减价不符

### 习题 1

一、处理依据：

依据《铁路旅客运输规程》第四十四条第 5 款规定，旅客持学生票没有规定的减价凭证或不符合减价条件时，按照全价票价补收票价差额，核收手续费以外，铁路运输企业有权对其身份进行登记，并须加收已乘区间应补票价 50% 的票款。

二、处理过程：

1. 处理事由：减价不符

原票：安康—长春　2 666 km

半价新空调硬座快速票价：

278.5 × 50% = 139.25 ≈ 139.5（元）

减价不符：

安康—长春　2 666 km

全价新空调硬座快速票价：278.5 元

半价新空调硬座快速票价：

278.5 × 50% = 139.25 ≈ 139.5（元）

全、半价票价差：

278.5 - 139.5 = 139.0（元）

加收 50% 的票款：安康—任丘　1 506 km

全价新空调硬座快速票价：180.5 元

半价新空调硬座快速票价：

180.5 × 50% = 90.25 ≈ 90.5（元）

全、半价票价差：

180.5 - 90.5 = 90.0（元）

加收 50%：90.0 × 50% = 45.0（元）

手续费：2.0 元

合计：139.0 + 45.0 + 2.0 = 186.0（元）

除列车补票机故障外，手工填发代用票，见票例 1-43。

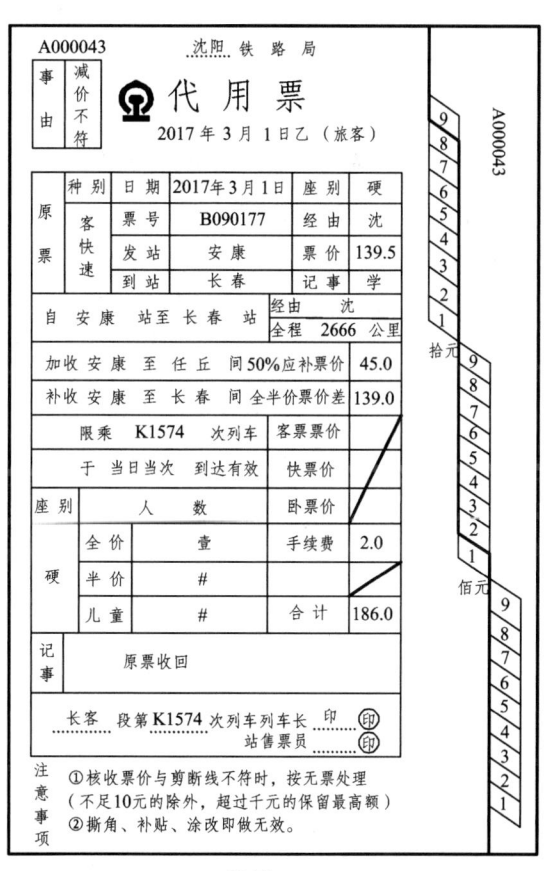

票例 1-43

习题 2

一、处理依据：

依据《铁路旅客运输规程》第四十四条第 5 款规定，旅客持残疾军人票没有规定的减价凭证或不符合减价条件时，按照全价票价补收票价差额，核收手续费以外，铁路运输企业有权对其身份进行登记，并须加收已乘区间应补票价 50%的票款。

二、处理过程：

1. 处理事由：减价不符
原票：佳木斯—长春  753 km
半价新空调硬座快速票价：102.0 × 50% = 51.0（元）
减价不符：
佳木斯—长春  753 km
全价新空调硬座快速票价：102.0 元
半价新空调硬座快速票价：
102.0 × 50% = 51.0（元）
全、半价票价差：
102.0 − 51.0 = 51.0（元）
加收 50%的票款：佳木斯—南岔  153 km
全价新空调硬座快速票价：23.5 元
半价新空调硬座快速票价：
23.5 × 50% = 11.75 ≈ 12.0（元）
全、半价票价差：23.5 − 12.0 = 11.5（元）
加收 50%：11.5 × 50% = 5.75 ≈ 5.8（元）
手续费：2.0 元
合计：51.0 + 5.8 + 2.0 = 58.8（元）
除列车补票机故障外，手工填发代用票，见票例 1-44。

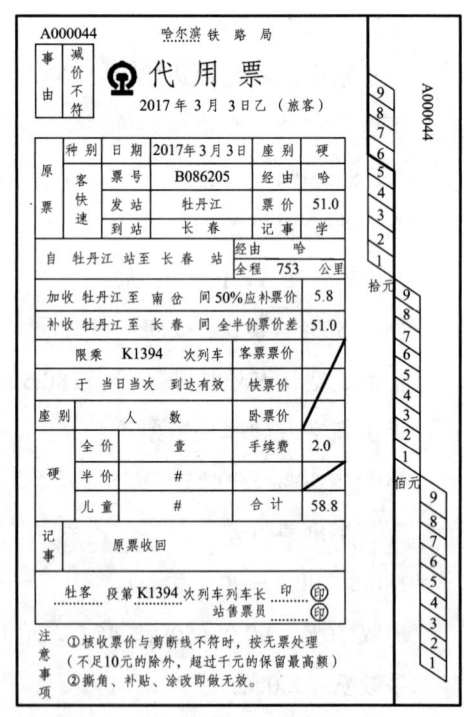

票例 1-44

## 【任务 L】越席、越站、补卧

### 习题 1

一、处理依据：

1. 依据《铁路旅客运输规程》第四十四条第 4 款规定，持用低等级的车票乘坐高等级列车、铺位、座位时，补收所乘区间的票价差额，核收手续费以外，铁路运输企业有权对其身份进行登记，并须加收已乘区间应补票价 50%的票款。

2. 依据《铁路旅客运输规程》第三十八条规定，旅客在车票到站前要求越过到站继续乘车时，在有运输能力的情况下列车应予以办理。核收越站区间的票价和手续费。

3. 依据《铁路旅客运输办理细则》第三十四条规定，旅客在到站前要求越过到站继续旅行时，在列车有能力的情况下应予以办理。办理时核收越站区间的票价，不足起码里程时，按起码里程计算；旅客同时提出变更座别、铺别和越站时，应先办理越站，后办理变更，使用一张代用票，核收一次手续费。

二、处理过程：

1. 处理事由：越席、越站、补卧

原票：通辽—瓦房店　608 km

新空调硬座客快速票价：81.0 元

越席：通辽—彰武　142 km

新空调硬卧下铺票价：54.0 元

加收 50%的票款：

$54.0 \times 50\% = 27.0$（元）

越站：瓦房店—大连　105 km

新空调硬座客快速票价：16.5 元

补卧：通辽—大连　713 km

新空调硬卧下铺票价：84.0 元

手续费：5.0 元

合计：27.0 + 16.5 + 84.0 + 5.0 = 132.5（元）

除列车移动补票机故障外，手工填发代用票，见票例 1-45。

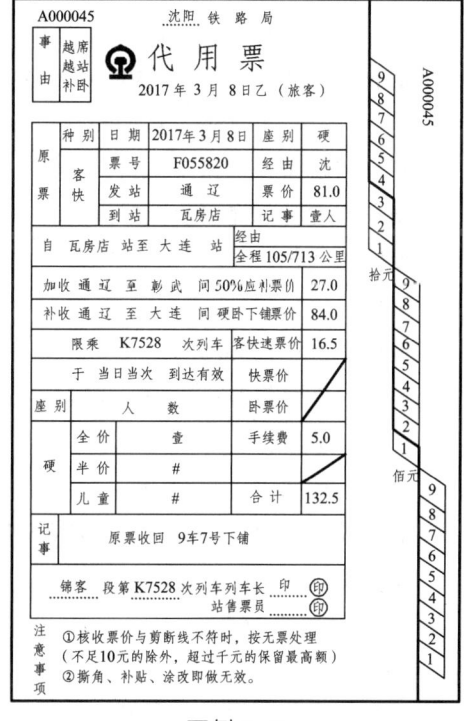

票例 1-45

习题2

一、处理依据：

1. 依据《铁路旅客运输规程》第四十四条第4款规定，持用低等级的车票乘坐高等级列车、铺位、座位时，补收所乘区间的票价差额，核收手续费以外，铁路运输企业有权对其身份进行登记，并须加收已乘区间应补票价50%的票款。

2. 依据《铁路旅客运输规程》第三十八条规定，旅客在车票到站前要求越过到站继续乘车时，在有运输能力的情况下列车应予以办理。核收越站区间的票价和手续费。

二、处理过程：

1. 处理事由：越席、越站

原票：通化—沧州　1 224 km

新空调硬座客快速卧下铺票价：279.5元

越席：通化—沈阳　376 km

软座票价：63.5元

硬座票价：33.5元

软、硬座票价差：63.5 – 33.5 = 30.0（元）

软卧下铺票价：75.0元

硬卧下铺票价：54.0元

软、硬卧票价差：75.0 – 54.0 = 21.0（元）

小计：30.0 + 21.0 = 51.0（元）

加收50%票款：51.0 × 50% = 25.5（元）

越站：沧州—潍坊　441 km

新空调硬座客快速票价：64.5元

新空调硬卧下铺票价：58.0元

变铺：通化—潍坊　1 665 km

软座票价：236.0元

硬座票价：120.0元

软、硬座票价差：236.0 – 120.0 = 116.0（元）

软卧下铺票价：238.0元

硬卧下铺票价：163.0元

软、硬卧票价差：238.0 – 163.0 = 75.0（元）

手续费：5.0元

合计：25.5 + 64.5 + 58.0 + 116.0 + 75.0 + 5.0 = 344.0（元）

手工填发代用票，见票例1-46。

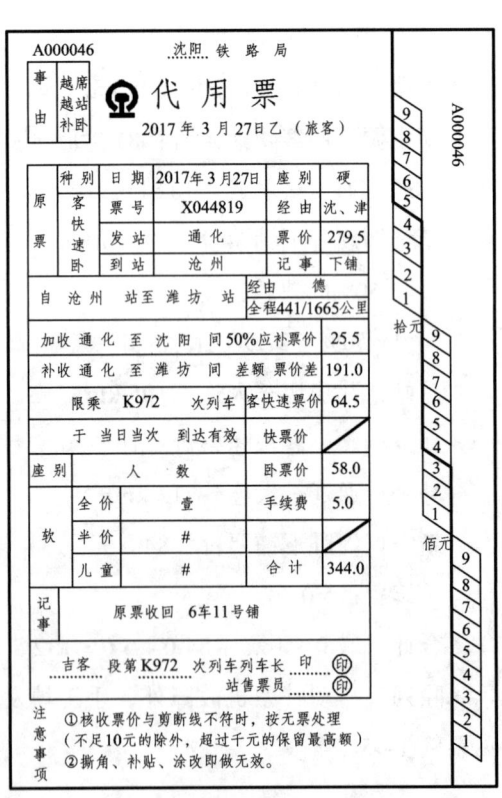

票例1-46

## 习题 3

一、处理依据：

依据《铁路旅客运输规程》第四十四条第 4 款规定，持用低等级的车票乘坐高等级列车、铺位、座位时，补收所乘区间的票价差额，核收手续费以外，铁路运输企业有权对其身份进行登记，并须加收已乘区间应补票价 50% 的票款。

二、处理过程：

处理事由：越席

原票：长春—北京　1 003 km

新空调硬座客特快卧上铺票价：222.5 元

长春—沈阳北　300 km

软座票价：50.5 元

硬座票价：27.5 元

软、硬座票价差：50.5 – 27.5 = 23.0（元）

软卧上铺票价：69.0 元

硬卧上铺票价：46.0 元

软、硬卧票价差：69.0 – 46.0 = 23.0（元）

加收 50%：(23.0 + 23.0) × 50% = 23.0（元）

长春—北京　1 003 km

软座票价：50.5 元

硬座票价：27.5 元

软、硬座票价差：

154.5 – 78.5 = 76.0（元）

软卧上铺票价：69.0 元

硬卧上铺票价：46.0 元

软、硬卧票价差：

144.0 – 94.0 = 50.0（元）

手续费：2.0 元

合计：23.0 + 76.0 + 50.0 + 2.0 = 151.0（元）

手工填发代用票，见票例 1-47。

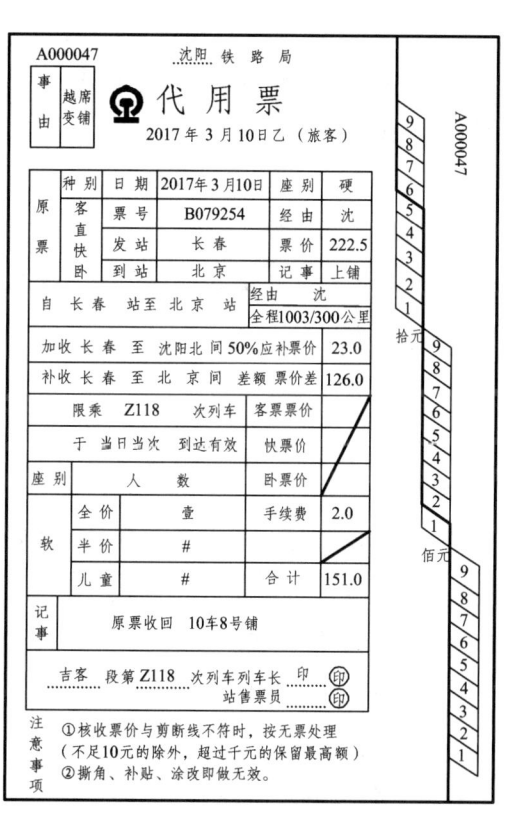

票例 1-47

## 【任务N】过 期

一、处理依据：

1. 依据《铁路旅客运输规程》第三十三条规定，持通票的旅客在乘车途中有效期终了、要求继续乘车时，应自有效期终了站或最近前方停车站起，另行补票，核收手续费。定期票可按有效使用至到站。

2. 依据《铁路旅客运输规程》第四十四条第4款规定，持用低等级的车票乘坐高等级列车、铺位、座位时，补收所乘区间的票价差额，核收手续费以外，铁路运输企业有权对其身份进行登记，并须加收已乘区间应补票价50%的票款。

二、处理过程：

处理事由：不符、过期

原票：旅顺—吉林　904 km

硬座客票：49.0元

不符：大连—清原　543 km

新空调硬座客快速票价：75.0元

硬座票价：31.0元

差额：75.0 – 31.0 = 44.0（元）

加收50%的票款：

大连—大石桥　240 km

新空调硬座客快速票价：37.5元

硬座票价：15.5元

差额：37.5 – 15.5 = 22.0（元）

加收：22.0 × 50% = 11.0（元）

过期：旅顺至吉林间运价里程是904 km，有效期为2日，到4月18日24点有效，所以自清原站起另行补票。

清原—吉林　300 km

新空调硬座客快速票价：43.5元

手续费：2.0元

合计：44.0 + 11.0 + 43.5 + 2.0 = 100.5（元）

手工填发代用票，见票例1-48。

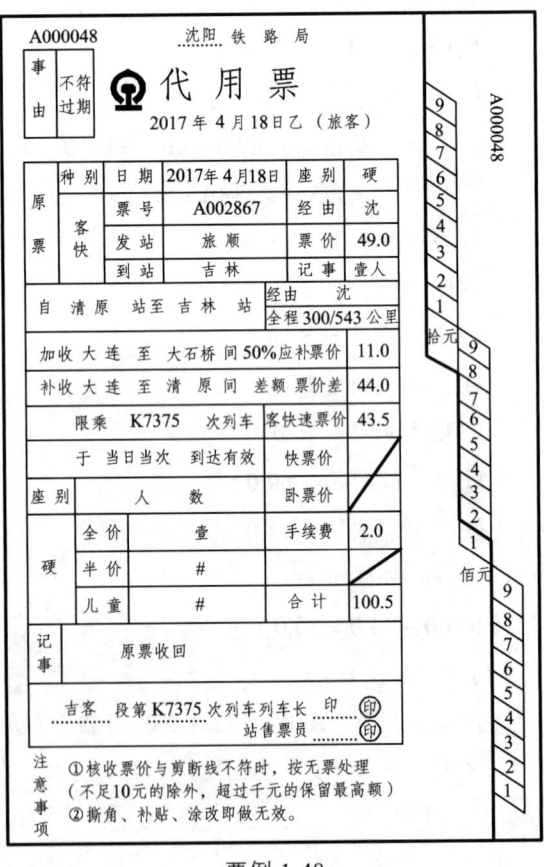

票例1-48

【任务 O】变　径

习题 1

一、处理依据：

依据《铁路旅客旅客运输规程》第三十七规定，持通票的旅客在中转站和列车上要求变更径路时，必须在通票有效期能够到达到站时方可办理。办理时，原票价低于变径后的票价时，应补收新旧径路里程票价差额，核收手续费；原票价高于或相当于变更后的径路票价时，持原票乘车有效，差额部分（包括列车等级不符的差额）不予退还。

二、处理过程：

处理事由：变径

原票：安康—北京西　1 881 km

硬座客快票价：103.0 元

旧径路：

汉口（经由麻城、霸州）—北京西　1 199 km

硬座普快票价：71.5 元

新径路：

汉口（经由京广线）—北京西　1 205 km

硬座普快票价：74.5 元

新旧径路里程票价差：

74.5 – 71.5 = 3.0（元）

手续费：2.0 元

合计：3.0 + 2.0 = 5.0（元）

于工填发代用票，见票例 1-49。

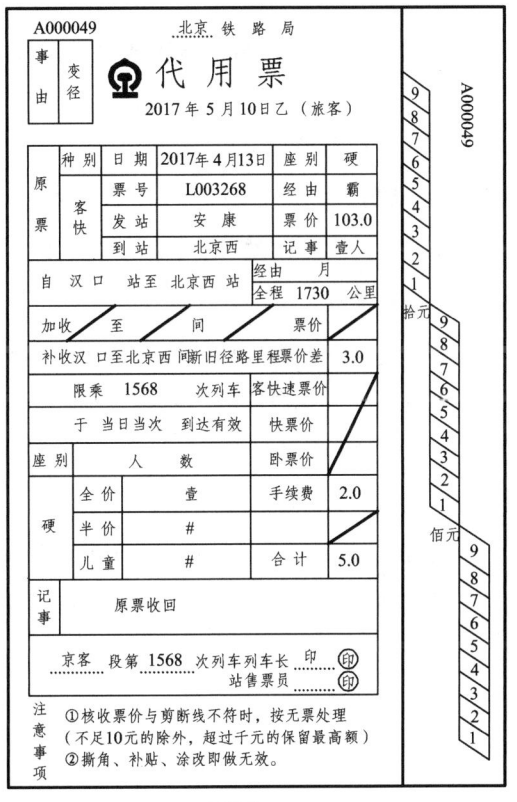

票例 1-49

习题 2

一、处理依据：

依据《铁路旅客旅客运输规程》第三十七条规定，持通票的旅客在中转站和列车上要求变更径路时，必须在通票有效期能够到达到站时方可办理。办理时，原票价低于变径后的票价时，应补收新旧径路里程票价差额，核收手续费；原票价高于或相等于变更后的径路票价时，持原票乘车有效，差额部分（包括列车等级不符的差额）不予退还。

二、处理过程：

原票：新乡—襄樊　579 km

硬座客快票价：38.0 元

处理事由：变径

旧径路：

新乡（经由郑州站、洛阳东站、宝丰站）—襄樊　579 km

硬座普快票价：38.0 元

新径路：

新乡（经由月山站、宝丰站）—襄樊　578 km

二等座票价：

$0.2805 \times (1 + 10\%) \times 578 = 178.3419 \approx 178.5$（元）

新、旧径路里程票价差：

$178.5 - 38.0 = 140.5$（元）

手续费：2.0 元

合计：$140.5 + 2.0 = 142.5$（元）

手工填发代用票，见票例 1-50。

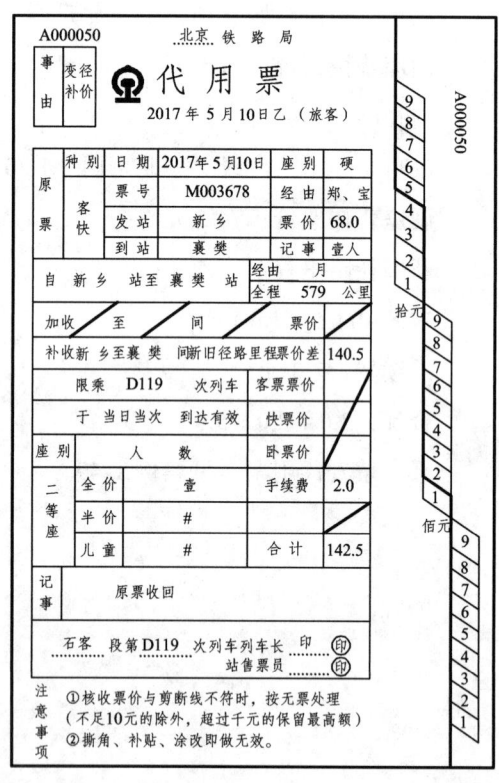

票例 1-50

## 习题3

一、处理依据：

1. 依据《铁路旅客旅客运输规程》第三十七条规定，持通票的旅客在中转站和列车上要求变更径路时，必须在通票有效期能够到达到站时方可办理。办理时，原票价低于变径后的票价时，应补收新旧径路里程票价差额，核收手续费；原票价高于或相当于变更后的径路票价时，持原票乘车有效，差额部分（包括列车等级不符的差额）不予退还。

2. 依据《铁路旅客运输规程》第四十四条第4款规定，持用低等级的车票乘坐高等级列车、铺位、座位时，补收所乘区间的票价差额，核收手续费以外，铁路运输企业有权对其身份进行登记，并须加收已乘区间应补票价50%的票款。

3. 依据《铁路旅客运输规程》第三十八条规定，旅客在车票到站前要求越过到站继续乘车时，在有运输能力的情况下列车应予以办理。核收越站区间的票价和手续费。

二、处理过程：

处理事由：变径、不符、越站、超高

1. 变径、不符

旧径路：

宝鸡（经由成都站、内江站、六盘水站）—贵阳　1 662 km

硬座客快速票价：112.0元

新径路：

宝鸡（经由成都站、重庆站）—贵阳　1 570 km

新空调硬座客快速票价：189.5元

新、旧径路里程票价差：

189.5 – 112.0 = 77.5（元）

加收：77.5 × 50% = 38.75 ≈ 38.8（元）

越站：贵阳—柳州　620 km

新空调硬座客快速票价：86.0元

2. 儿童超高

宝鸡—柳州　2 190 km

半价新空调硬座客快速票价：120.0元

手续费：4.0元

合计：77.5 + 86.0 + 120.0 + 38.8 + 4.0 = 326.3（元）

手工填发代用票，见票例1-51。

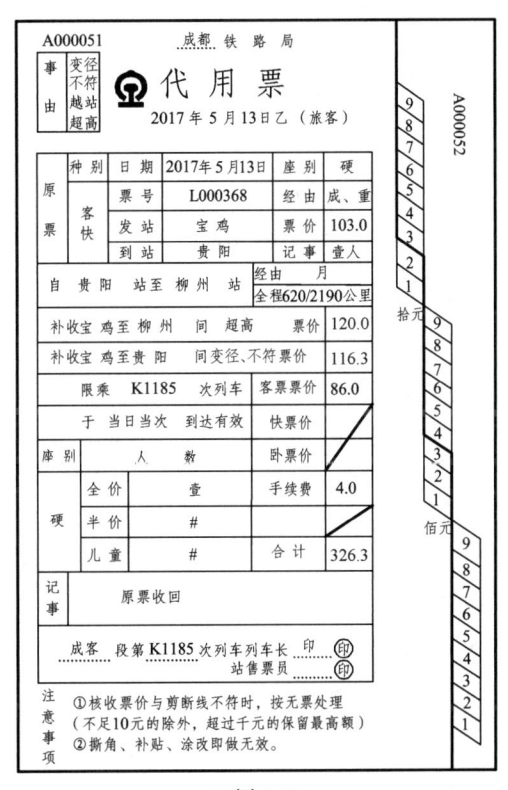

票例1-51

## 【任务 P】违章使用乘车证

### 习题 1

一、处理依据：

《铁路乘车证管理办法》中规定：

1. 违章使用乘车证，如在票面上加添、涂改、转借、超过有效期限或有效区间乘车，未持规定的有关证明、证件或持伪造证明、证件的均按无票处理，要查扣其乘车证及有关证件。

2. 违章使用乘车证均要按所乘旅客列车的等级、席别、铺别、区间（单程或往返）及票面填写人数，按照《铁路旅客运输规程》的规定补收和加收票款，定期通勤乘车证自有效月份起至发现违章月份止，按每月一次往返的里程计算。

3. 发现其他违章行为的，均按《各规》的规定相应处理。

4. 乘车证使用过程中发现的违章事项，当时处理不了的，由站、车编制客运记录，连同查扣的乘车证及有关证件报本铁路局财务部门，由铁路局依据规定向违章职工单位发函并追补应收票款和罚款。

二、处理过程：

处理事由：借用

延吉—四平　592 km

新空调硬座客快速票价：81.0 元

加收 50%票款：

延吉—长春　477 km

新空调硬座客快速票价：69.0 元

加收：69.0 × 50% = 34.5（元）

罚款：1 月 1 日至 5 月 1 日共计 5 个月，延吉至四平往返里程：1 184 km，客票票价：59.5 × 5 = 297.5（元）

手续费：2.0 元

合计：81.0 + 34.5 + 297.5 + 2.0 = 415.0（元）

手工填发代用票，见票例 1-52。

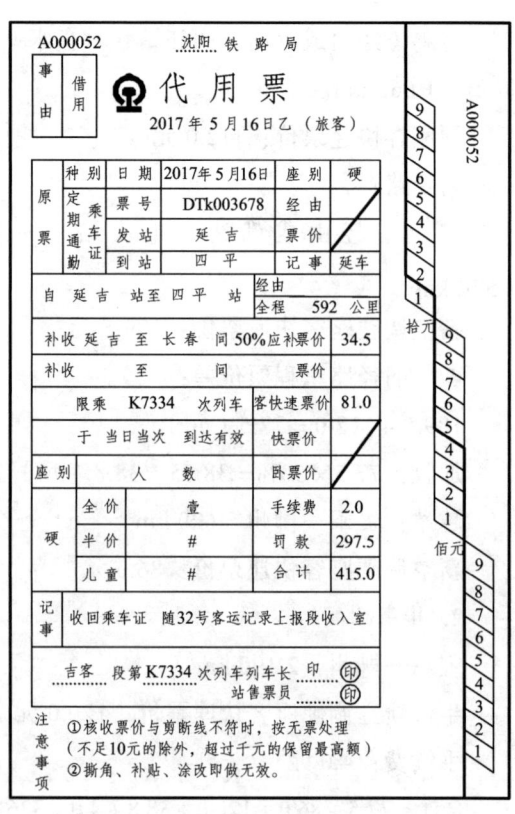

票例 1-52

## 习题 2

一、处理依据：

《铁路乘车证管理办法》中规定：

1. 违章使用乘车证，如在票面上加添、涂改、转借、超过有效期限或有效区间乘车，未持规定的有关证明、证件或持伪造证明、证件的均按无票处理，要查扣其乘车证及有关证件。

2. 违章使用乘车证均要按所乘旅客列车的等级、席别、铺别、区间（单程或往返）及票面填写人数，按照《铁路旅客运输规程》的规定补收和加收票款，全年定期乘车证从有效日期起（过期的从有效期终了的次日）至发现违章日期止，票面填写的乘车区间在一个铁路局以内的，按每日乘车 50 km 计算票价；乘车区间跨铁路局的，按每日乘车 100 km 计算票价，计算后低于 50 元的按 50 元核收。

3. 发现其他违章行为的，均按《各规》的规定相应处理。

4. 乘车证使用过程中发现的违章事项，当时处理不了的，由站、车编制客运记录，连同查扣的乘车证及有关证件报本铁路局财务部门，由铁路局依据规定向违章职工单位发函并追补应收票款和罚款。

二、处理过程：

处理事由：伪造

往程：吉林—上海  2 442 km

新空调硬座客快速票价：263.5 元

加收 50% 票款：

$263.5 \times 50\% = 131.75 \approx 131.8$（元）

返程：上海—吉林  2 442 km

新空调硬座客快速票价：263.5 元

上海—天津  1 325 km

新空调硬座客快速票价：163.5 元

加收：$163.5 \times 50\% = 81.75 \approx 81.8$（元）

罚款：长春站属于沈阳铁路局，昆明属于昆明铁路局，跨局按每日乘车 100 km 计算客票票价 6.5 元。1月1日至5月1日共计 121 天，$121 \times 6.5 = 786.5$（元）

手续费：2.0 元

合计：$263.5 + 131.8 + 263.5 + 81.8 + 786.5 + 2.0 = 1\ 529.1$（元）

手工填发代用票，见票例 1-53。

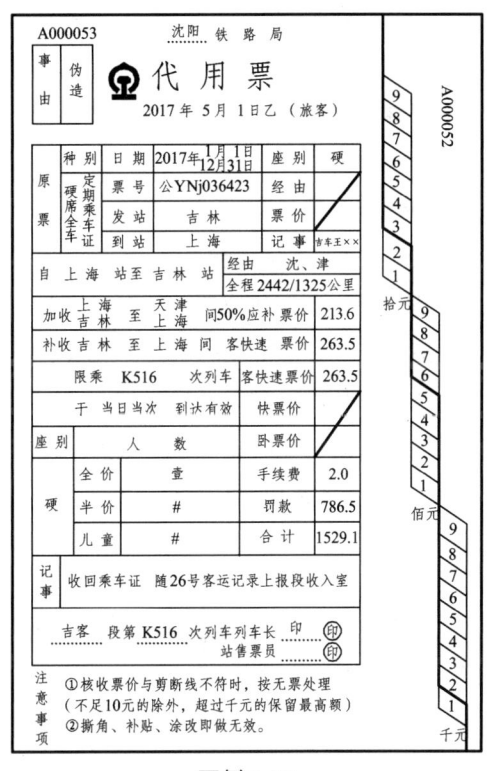

票例 1-53

## 习题 3

一、处理依据：

《铁路乘车证管理办法》中规定：

1. 违章使用乘车证，如在票面上加添、涂改、转借、超过有效期限或有效区间乘车，未持规定的有关证明、证件或持伪造证明、证件的均按无票处理，要查扣其乘车证及有关证件。

2. 违章使用乘车证均要按所乘旅客列车的等级、席别、铺别、区间（单程或往返）及票面填写人数，按照《铁路旅客运输规程》的规定补收和加收票款，临时定期乘车证从有效日期起（过期的从有效期终了的次日）至发现违章日期止，票面填写的乘车区间在一个铁路局以内的，按每日乘车 50 km 计算票价；乘车区间跨铁路局的，按每日乘车 100 km 计算票价，计算后低于 50 元的按 50 元核收。

3. 发现其他违章行为的，均按《各规》的规定相应处理。

4. 乘车证使用过程中发现的违章事项，当时处理不了的，由站、车编制客运记录，连同查扣的乘车证及有关证件报本铁路局财务部门，由铁路局依据规定向违章职工单位发函并追补应收票款和罚款。

二、处理过程：

处理事由：过期

长春—昆明　4 037 km

新空调硬座客快速票价：376.5 元

加收 50%票款：

长春—沈阳北　300 km

新空调硬座客快速票价：43.5 元

加收：43.5 × 50% = 21.75 ≈ 22.0（元）

罚款：长春站属于沈阳铁路局，昆明属于昆明铁路局，跨局按每日乘车 100 km 计算客票票价 6.5 元。4 月 1 日至 6 月 8 日共计 69 天，69 × 6.5 = 448.5（元）

手续费：2.0 元

合计：376.5 + 22.0 + 448.5 + 2.0 = 849.0（元）

手工填发代用票，见票例 1-54。

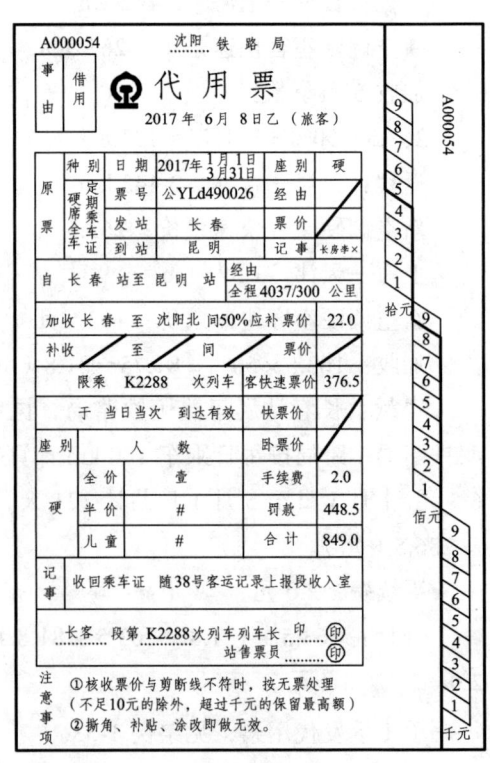

票例 1-54

习题 4

一、处理依据：

《铁路乘车证管理办法》中规定，违章使用乘车证，如在票面上加添、涂改、转借、超过有效期限或有效区间乘车，未持规定的有关证明、证件或持伪造证明、证件的均按无票处理，要查扣其乘车证及有关证件。

二、处理过程：

处理事由：过期

山海关—宁波　1 972 km

新空调硬座客快速票价：224.0 元

加收 50%票款：

山海关—德州　540 km

新空调硬座客快速票价：75.0 元

加收：75.0 × 50% = 37.5（元）

手续费：2.0 元

合计：224.0 + 37.5 + 2.0 = 263.5（元）

除列车移动补票机故障外，手工填发代用票，见票例 1-55。

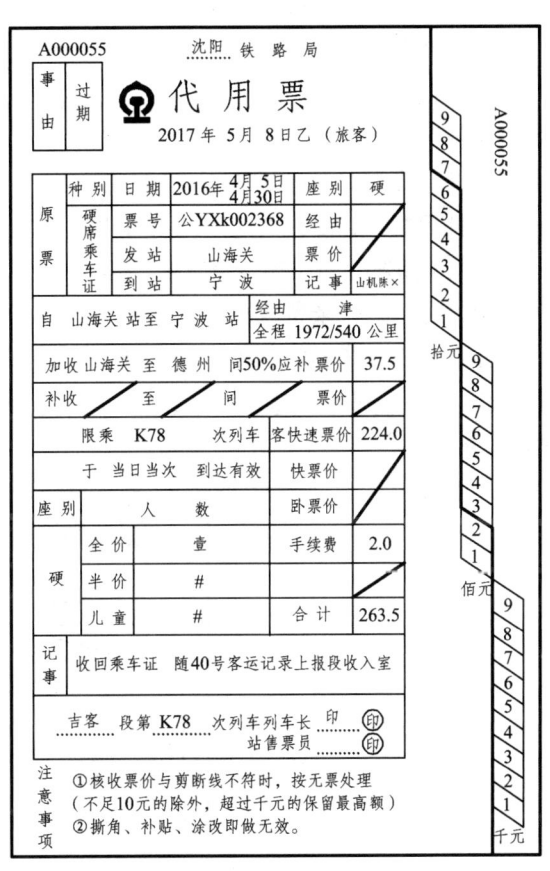

票例 1-55

# 客运运价杂费收据练习题答案

## 【任务 A】超　重

**习题 1**

一、处理依据：

1. 依据《铁路旅客运输规程》第五十一条规定，旅客携带品由自己负责看管。每人免费携带品的重量是：儿童（含免费儿童）10 kg，外交人员 35 kg，其他旅客 20 kg。

2. 依据《铁路旅客运输规程》第五十三条规定，在车内或下车站，对超过免费重量的物品，其超重部分应补收四类包裹运费。

二、处理过程：

超重：

应补区间：信阳—长春　2 190 km

应补重量：41 kg – 20 kg = 21 kg

应补运费：1 kg 四类包裹运费 3.207 元

21 × 3.207 元 = 67.347 ≈ 67.3（元）

填写客运运价杂费收据，见票例 2-1。

注：信阳—长春间里程 2 190 km

信阳　302　郑州　203　商丘　585　霸州　87　天津　123　唐山　173　山海关　405　沈阳西　12　沈阳北　300　长春

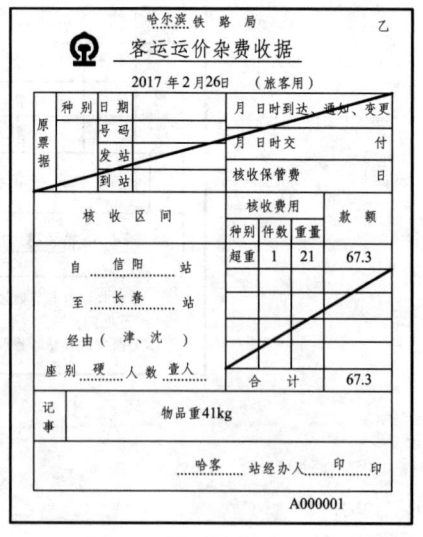

票例 2-1

- 122 -

习题 2

一、处理依据：

1. 依据《铁路旅客运输规程》第五十一条规定，旅客携带品由自己负责看管。每人免费携带品的重量是：儿童（含免费儿童）10 kg，外交人员 35 kg，其他旅客 20 kg。

2. 依据《铁路旅客运输规程》第五十三条规定，在车内或下车站，对不可分拆的整件超重物品，按该件全部重量补收上车站至下车站四类包裹运费。

二、处理过程：

超重：

应补区间：阜新南—瓦房店　474 km

应补重量：28 kg

应补运费：1 kg 四类包裹运费 0.865 元

28 × 0.865 元 = 24.22 元 ≈ 24.2（元）

填写客运运价杂费收据，见票例 2-2。

票例 2-2

习题 3

一、处理依据：

1. 依据《铁路旅客运输规程》第五十一条规定，旅客携带品由自己负责看管。每人免费携带品的重量是：儿童（含免费儿童）10 kg，外交人员 35 kg，其他旅客 20 kg。

2. 依据《铁路旅客运输规程》第五十三条规定，在车内或下车站，对超过免费重量的物品，其超重部分应补收四类包裹运费。

二、处理过程：

超重：

应补区间：林东—长春　588 km

应补重量：36.8 + 15 – 30 = 21.8 ≈ 22（kg）

应补运费：1 kg 四类包裹运费 1.062 元

22 × 1.062 = 23.364 ≈ 23.4（元）

填写客运运价杂费收据，见票例 2-3。

注：林东—长春间里程 588 km

林东　266　通辽　114　郑家屯　93　四平　115　长春

票例 2-3

## 【任务B】超　大

### 习题1

一、处理依据：

1. 儿童（含免费儿童）10 kg，外交人员 35 kg，其他旅客 20 kg。每件物品外部尺寸长、宽、高之和不超过 160 cm，杆状物品不超过 200 cm。

2. 在车内或下车站，对超过免费重量的物品，其超重部分应补收四类包裹运费。对不可分拆的整件超重、超大物品、动物，按该件全部重量补收上车站至下车站四类包裹运费。

二、处理过程：

超大：

应补区间：鞍山—金州　275 km

应补重量：210 cm > 200 cm，超大按 9 kg 计算。

应补运费：1 kg 四类包裹运费 0.519 元

9 × 0.519 = 4.671 ≈ 4.7（元）

填写客运运价杂费收据，见票例2-4。

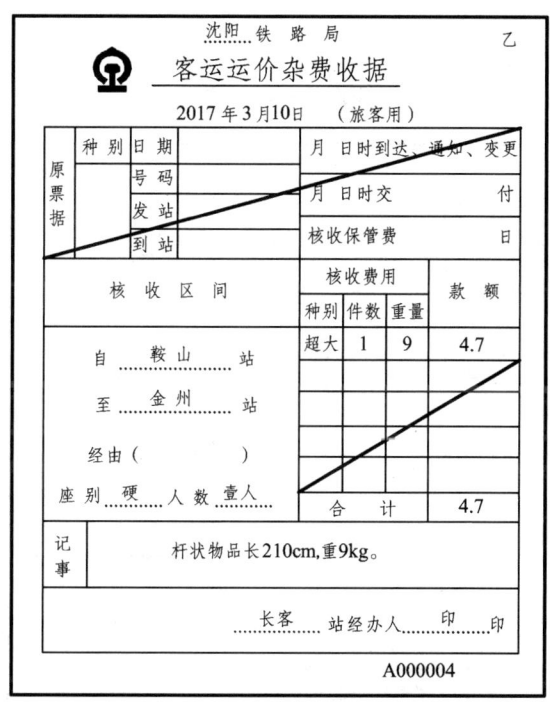

票例2-4

## 习题 2

一、处理依据：

1. 儿童（含免费儿童）10 kg，外交人员 35 kg，其他旅客 20 kg。每件物品外部尺寸长、宽、高之和不超过 160 cm，杆状物品不超过 200 cm。

2. 在车内或下车站，对不可分拆的整件超重、超大物品、动物，按该件全部重量补收上车站至下车站四类包裹运费。

二、处理过程：

超大：
应补区间：北京—长春　1 162 km
应补重量：80 cm × 60 cm × 30 cm = 170 cm > 160 cm，超大重 28.6 kg 按 29 kg 计算。
应补运费：1 kg 四类包裹运费 1.959 元
29 × 1.959 元 = 56.811 元 ≈ 56.8（元）
填写客运运价杂费收据，见票例 2-5。
注：北京—长春间里程 1 162 km
北京　137　天津　296　山海关　426　沈阳　303　长春

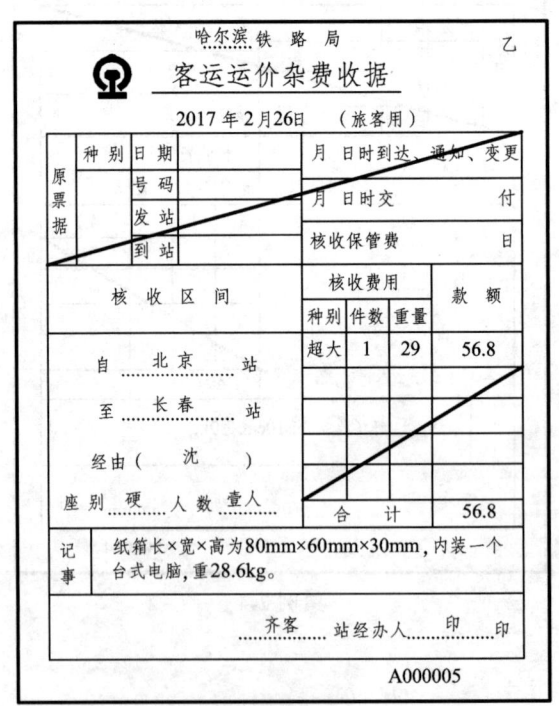

票例 2-5

习题 3

一、处理依据：

1. 儿童（含免费儿童）10 kg，外交人员 35 kg，其他旅客 20 kg。每件物品外部尺寸长、宽、高之和不超过 160 cm，杆状物品不超过 200 cm。

2. 在车内或下车站，对不可分拆的整件超重、超大物品、动物，按该件全部重量补收上车站至下车站四类包裹运费。

二、处理过程：

超大：

应补区间：天津—上海　1325 km

应补重量：100 cm × 60 cm × 5 cm = 165 cm > 160 cm，超大 5.1 kg 按 6 kg 计算。

应补运费：1 kg 四类包裹运费 2.166 元

6 × 2.166 = 12.996 ≈ 13.0（元）

填写客运运价杂费收据，见票例 2-6。

票例 2-6

## 【任务 C】低值品

### 习题 1

一、处理依据：

1. 儿童（含免费儿童）10 kg，外交人员 35 kg，其他旅客 20 kg。
2. 在车内或下车站，对超过免费重量的物品，其超重部分应补收四类包裹运费。
3. 如旅客超重、超大的物品价值低于运费时，可按物品价值的 50%核收运费。

二、处理过程：

低值品：

应补区间：成都—长春　3 220 km

应补重量：40 - 30 = 10（kg）计算。

应补运费：1 kg 四类包裹运费 4.726 元

10 × 4.726 = 47.26 ≈ 47.3（元）

当地葡萄干价格 4.5 元/kg，10 × 4.5 = 45.0（元），47.3 元 > 45.0 元，所以按物品价值的 50%核收，45.0 × 50% = 22.5（元）

填写客运运价杂费收据，见票例 2-7。

注：成都—长春间里程 3 220 km

成都 669 宝鸡 173 西安 326 延安 437 太原 225 石家庄北 401 天津 689 沈阳北 300 长春

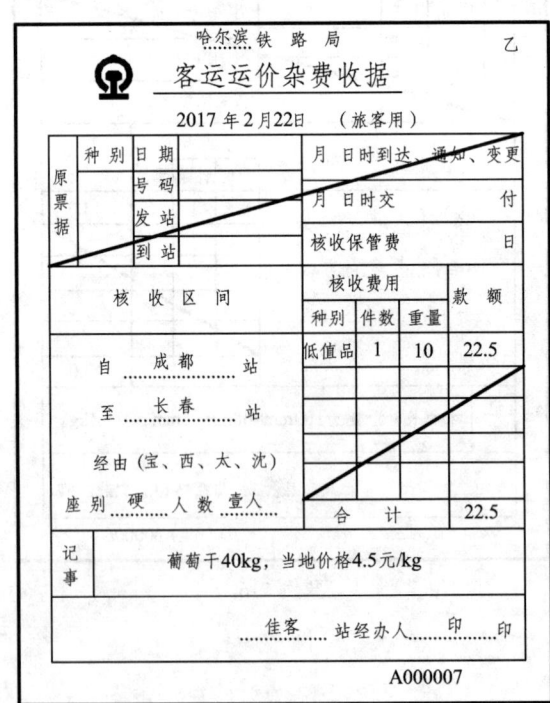

票例 2-7

习题 2

一、处理依据：

1. 儿童（含免费儿童）10 kg，外交人员 35 kg，其他旅客 20 kg。
2. 在车内或下车站，对超过免费重量的物品，其超重部分应补收四类包裹运费。
3. 如旅客超重、超大的物品价值低于运费时，可按物品价值的 50% 核收运费。

二、处理过程：

低值品：

应补区间：满洲里—长春　1 181 km

应补重量：60 − 20 = 40（kg）计算。

应补运费：1 kg 四类包裹运费 1.959 元

40 × 1.959 = 78.36 ≈ 78.4（元）

当地黄豆价格 1.9 元/kg，40 × 1.9 = 76.0（元），78.4 元 > 76.0 元，所以按物品价值的 50% 核收，76.0 × 50% = 38.0（元）

填写客运运价杂费收据，见票例 2-8。

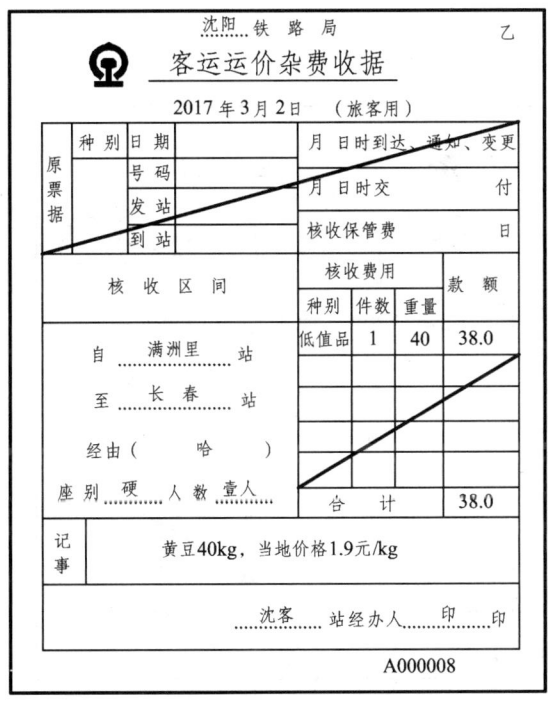

票例 2-8

【任务 D】动　物

一、处理依据：

1. 儿童（含免费儿童）10 kg，外交人员 35 kg，其他旅客 20 kg。每件物品外部尺寸长、宽、高之和不超过 160 cm，杆状物品不超过 200 cm。

2. 在车内或下车站，对不可分拆的整件超重、超大物品、动物，按该件全部重量补收上车站至下车站四类包裹运费。

3. 对已带入车内的猫、狗、猴等宠物，应安排在列车通过台由旅客自己照看，宠物发生意外或伤害其他旅客时，由携带者负责。

二、处理过程：

动物：

应补区间：德惠—长春　81 km

应补重量：5.3 kg 按 6 kg 计算。

应补运费：1 kg 四类包裹运费 0.197 元

$6 \times 0.197 = 1.182 \approx 1.2$（元）

填写客运运价杂费收据，见票例 2-9。

票例 2-9

【任务 E】危险品

## 习题 1

一、处理依据：

1. 儿童（含免费儿童）10 kg，外交人员 35 kg，其他旅客 20 kg。每件物品外部尺寸长、宽、高之和不超过 160 cm，杆状物品不超过 200 cm。

2. 发现危险品或国家禁止、限制运输的物品，妨碍公共卫生的物品，损坏或污染车辆的物品，按该件全部重量加倍补收乘车站至下车站四类包裹运费。危险物品交前方停车站处理；必要时移交公安部门处理。对有必要就地销毁的危险品应就地销毁，使之不能产生危害并不承担任何赔偿责任。

没收危险品时，应向被没收人出具书面证明。

二、处理过程：

危险品：

应补区间：沈阳—大石桥　157 km

应补重量：5.5 kg 按 6 kg 计算。

应补运费：1 kg 四类包裹运费 0.296 元

$6 \times 0.296 \times 2 = 3.552 \approx 3.6$（元）

发令纸立即浸水处理，列车长编制客运记录将发令纸交大石桥站。

填写客运运价杂费收据，见票例 2-10。

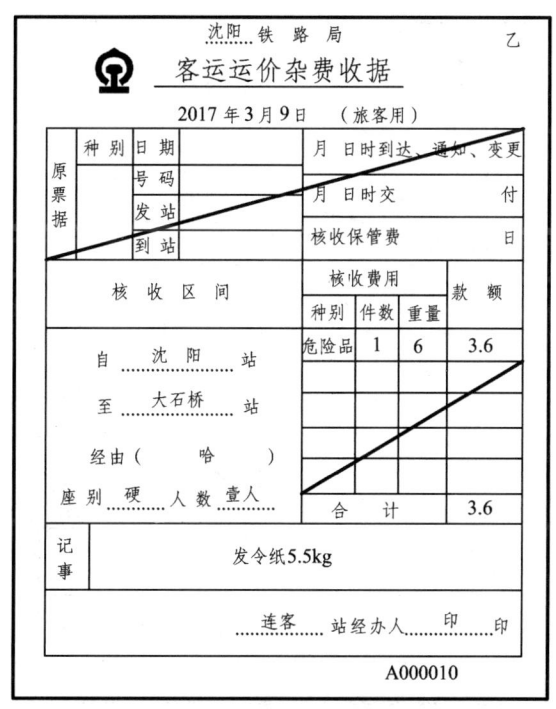

票例 2-10

习题2

一、处理依据：

1. 儿童（含免费儿童）10 kg，外交人员 35 kg，其他旅客 20 kg。每件物品外部尺寸长、宽、高之和不超过 160 cm，杆状物品不超过 200 cm。

2. 发现危险品或国家禁止、限制运输的物品，妨碍公共卫生的物品，损坏或污染车辆的物品，按该件全部重量加倍补收乘车站至下车站四类包裹运费。危险物品交前方停车站处理；必要时移交公安部门处理。对有必要就地销毁的危险品应就地销毁，使之不能产生危害并不承担任何赔偿责任。

没收危险品时，应向被没收人出具书面证明。

二、处理过程：

危险品：

应补区间：汤原—大连　1 403 km

应补重量：8.1 kg 按 9 kg 计算。

应补运费：1 kg 四类包裹运费 2.304 元

$9 \times 2.304 \times 2 = 41.472 \approx 41.5$（元）

列车长编制客运记录将菜刀交大连站。

填写客运运价杂费收据，见票例 2-11。

票例 2-11